R. DUFOUR de la THUILLERIE
Commissaire en Chef de la Marine

DE SALONIQUE A CONSTANTINOPLE

Souvenirs de la Division navale d'Orient

(1916-1919)

Précédés
d'une lettre de Monseigneur BAUDRILLART, de l'Académie Française,
Recteur de l'Institut Catholique de Paris
& d'une préface du Commissaire Général de la Marine MAZERAT.I.GC. &

J. DE GIGORD, Éditeur
15, Rue Cassette, Paris, 6e

DE SALONIQUE

A

CONSTANTINOPLE

R. DUFOUR de la THUILLERIE

Commissaire en Chef de la Marine

DE SALONIQUE

A

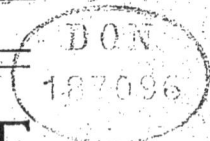

CONSTANTINOPLE

Souvenirs de la Division navale d'Orient

1916-1919

J. DE GIGORD, EDITEUR, 15, RUE CASSETTE, PARIS

LETTRE-PRÉFACE

DE

Monseigneur Alfred BAUDRILLART

De l'Académie Française
Recteur de l'Institut catholique de Paris

CHER MONSIEUR ET AMI,

Vous avez bien voulu me donner la primeur des
« bonnes feuilles » du livre exquis où vous venez
de réunir les souvenirs et les impressions de vos
trois années de campagne en Orient. Trois années,
et quelles années ! 1916-1919, c'est-à-dire depuis les
jours sombres où la victoire semblait si lointaine,
parfois si douteuse, jusqu'aux heures lumineuses de
l'armistice et de l'entrée des Alliés à Constantinople !

Vous me faites l'honneur de me demander ce que
je pense de ces pages et vous me priez de le dire à
vos lecteurs.

Vous être agréable est une joie pour moi ; j'aurais
pourtant quelque scrupule à retarder le plaisir de
ceux qui vous liront, si je n'étais convaincu que la
plupart iront tout droit à vous, sans s'arrêter à cet
avant-propos.

Heureux serai-je s'il m'est donné d'exprimer ce
qu'ils ne manqueront pas de reconnaître et de
sentir !

A terre, ou sur les flots, vous avez voyagé sous la
menace des cruels oiseaux dont les Allemands avaient
infesté l'air. Leurs bruyants exploits n'ont pas trou-

blé la sérénité d'un officier tel que vous. Une fois
votre devoir d'état rempli, vous regardiez et vous
pensiez. Au milieu de ces éternels songeurs que sont
les Orientaux, vous laissiez aller votre imagination,
votre mémoire, votre raison. Mais c'étaient des images et des idées précises qui s'évoquaient en votre
cerveau, car vous, vous possédez la science.

Ce qui fait l'originalité des pages que vous tracez
d'une main sûre, ce qui leur donne un charme
extrême, c'est l'alliance qu'on y constate du sens
artistique, du sens historique et du sens religieux.

La nature et les monuments éveillent en vous
mille sensations ; des mots justes et colorés font
qu'elles deviennent nôtres ; après vous, avec vous,
nous voyons et nous rêvons, car le rêve prolonge la
vision.

Les faits du passé surgissent nombreux dans votre
esprit et vous aident à pronostiquer l'avenir.

Votre foi religieuse leur donne un sens, en même
temps qu'elle vous révèle le secret de beaucoup
d'âmes, dont la religion marque et explique toutes
les tendances.

Peintre, à côté de gracieux et reposants paysages,
éclairés de la lumière du matin, ou de celle du soir,
vous avez brossé deux grandes toiles : l'incendie de
Salonique, le tableau de Constantinople, au moment
où s'y rencontrent les vainqueurs et les vaincus.
Volontiers, je dirais que ce dernier tableau est votre
chef-d'œuvre, car toutes vos facultés, toutes vos qualités ont pu s'y manifester à l'envie.

Comme elle parle à nos yeux et à nos cœurs la peinture si sobre, mais si émouvante de cette absoute donnée aux morts des Dardanelles lorsque, dans l'horreur de la tempête, vous passâtes aux lieux où sombra le *Bouvet* !

A l'évocateur des siècles écoulés, que ne disent pas ces terres chargées d'histoire ? Comme un film qui se déroule devant vos yeux, les civilisations se succèdent, les races se superposent, les invasions déferlent, les souffrances s'accumulent, les haines naissent et s'entretiennent, les espérances survivent, les délivrances s'opèrent. A la chaîne déjà si longue, sous vos yeux se soude un chaînon nouveau : anxieux, vous vous demandez quel sera le suivant.

Penseur chrétien, il ne vous échappe pas qu'en Macédoine, et même en trop d'autres pays, « la foi religieuse des habitants n'est pas faite d'amour, mais de haine ». Avec une curiosité beaucoup plus douloureuse qu'amusée, vous relevez mille superstitions abaissantes et dégradantes, mêlées à un reste de hautes et profondes croyances. Vous souffrez de voir le christianisme de l'Eglise grecque si souvent réduit à des rites tout extérieurs. La majesté extérieure de l'Islam ne vous trompe pas non plus. Vous osez conclure : « Ni l'Islam, ni l'Orthodoxie ne paraissent en état de relever les ruines. »

Comme tous ceux qui ont pris la peine d'aller jusqu'au fond du problème, et que n'aveuglent ni un système politique, ni un parti-pris sectaire, vous reconnaissez, vous ne craignez pas d'avouer ce que si souvent, chez nous, on cache, ou même on se cache volontairement, à savoir qu'il y a un abîme infranchissable entre l'Islamisme et le Christianisme, que le musulman hait le chrétien toujours et partout.

Par conséquent, tout ce que nous faisons, ici ou là, pour cultiver, pour relever, pour grandir le musulman, n'aboutit qu'à nous susciter un ennemi plus dangereux, plus capable d'unir un jour contre nous les forces de l'Islam. Ce danger, vous le lisez dans les yeux du musulman de tout pays, même sous le coup de la défaite qu'il subit présentement au centre de sa puissance politique.

Qu'en conclure, sinon que, sous réserve des précautions nécessaires, la politique française en Orient doit être une politique chrétienne et catholique ? Les peuples le sentent d'instinct : « En ces pays, dites-vous, les mots catholique et Français éveillent une synonymie. » De fait, quoi qu'il puisse penser personnellement, tout bon Français prend, là-bas, une mentalité et une attitude catholiques.

M. Clemenceau lui-même n'a pu s'en défendre; à en juger par les délicieuses harangues qu'il a adressées aux enfants des écoles françaises du Levant.

Vous, mon cher ami, vous n'aviez nul effort à faire pour leur tenir ce langage chrétien, en même temps que français.

En lisant le récit de votre croisière dans la mer Egée, j'ai revécu mes propres tournées à l'étranger, j'ai relu mes propres discours. Ce que vous avez éprouvé à Thasos, à Volo, à Syra, que de fois ne l'ai-je pas ressenti en Espagne, ou aux Etats-Unis, partout où j'ai rencontré nos religieux et nos religieuses, porte-paroles de l'Eglise et de la France ? Comme vous, j'ai été ému d'entendre parler français dans des bourgades presque perdues ; comme vous, j'ai doucement souri en écoutant chanter, avec un accent un peu étrange, les refrains populaires de chez nous, *Sur le pont d'Avignon*, ou bien *Nous n'irons plus au bois* ; comme vous, il m'est advenu, dans tel pensionnat, de songer aux demoiselles de Saint-Cyr du temps de madame de Maintenon ; comme vous, j'ai frissonné au chant de la *Marseillaise*, que jadis je n'aimais guère, entonnée par une bonne sœur, ou par un bon frère, de qui trop souvent la congrégation était expulsée de France ; comme vous, j'ai vu des prêtres et des évêques, d'abord défiants, presque hostiles à l'égard de notre pays, convertis à notre cause par nos paroles et les faits dont nous les appuyions ; comme vous, j'ai trouvé partout de chauds amis de la France, toujours prêts à la servir, mais attristés jusqu'au fond de l'âme du mal que nous avaient fait nos luttes religieuses et de l'opinion qu'elles avaient donnée de nous à une trop grande partie du monde.

Quand enfin la victoire est venue, comme vous j'ai médité la forte pensée, sinon la parole même du livre des Macchabées qui vous a si fortement frappé : « Voilà nos ennemis défaits. Montons maintenant purifier le temple et le renouveler ! »

2

Oui ! que la France se purifie, qu'elle se renouvelle et qu'appuyée sur l'Eglise catholique elle travaille tout de bon à cette régénération du monde oriental que ne peuvent accomplir ni l'Orthodoxie grecque, à moins qu'elle ne se vivifie par un retour à l'Unité, ni surtout l'Islam qui, en tous lieux, a semé la mort !

Alfred BAUDRILLART,

de l'Académie Française.

A mon chef éminent et respecté
et incomparable ami [1],

Hommage d'affection reconnaissante
et de filiale vénération.

R. T.

PRÉFACE

<hr />

Mon cher Ami,

Quand, dans la solitude de Sceaux, vos lettres
arrivaient, apportant beaucoup de bonheur dans un
rayon du soleil d'Orient, j'aimais à en entendre
la lecture ; elles faisaient renaître les lointains souvenirs de mon séjour dans le Levant, et je par-
tageais d'autant plus intimement vos vibrantes sensations que je les avais éprouvées moi-même, sous
le « charme des vieilles choses accumulées par les
siècles », dans l'éternelle beauté d'un incomparable
décor.

Les impressions que, pendant votre campagne,
vous avez notées, au jour le jour, et ces lettres, qui
en étaient le reflet, montrent combien vous étiez
passionnément curieux de voir, de bien voir, de
vos yeux et aussi avec votre cœur. A des visions
très claires de l'Orient et de sa lumineuse poésie,
vous avez été ainsi amené à ajouter des réflexions
judicieuses sur « les enseignements du passé, les
problèmes du présent, les espérances ou les inquiétudes de l'avenir » ; enfin, et surtout, à exposer avec

un ardent patriotisme l'œuvre admirable de nos frères et de nos sœurs, missionnaires de la civilisation catholique, qui font mieux connaître et mieux aimer la France, fille aînée de l'Eglise.

Alors, j'ai pensé — et je n'ai pas été seul à penser — que vos souvenirs de la Division Navale d'Orient ne devaient pas rester dans le cercle de l'affectueuse intimité auquel ils étaient destinés, et j'ai insisté pour que vous les en fissiez sortir. Vous avez consenti, mais avec un sourire qui soulignait une demande de présentation aux lecteurs. Vous êtes mon cher collaborateur depuis si longtemps, votre étude des choses et des gens du proche Orient offre à divers titres tant de charme et d'intérêt, elle arrive à un moment où de si troublantes questions se posent « en ce carrefour du monde où s'est bâtie l'histoire »..., pouvais-je refuser ?

Partout, dans ces régions que vous avez décrites, se retrouvent les légendes épiques et les traces des mythologies de la Grèce antique, dont les temples sont d'admirables ruines, au milieu des débris dispersés d'autres ruines, mortes... « etiam periere ruinæ ! » C'est la terre des dieux de l'Olympe et du mont Ida, qui, dans leur long crépuscule, nous restent toujours familiers ; — les héros d'Homère, de Virgile, de Fénelon, et même d'Offenbach — nous ont conduits vers ces rivages enchanteurs, vers ces îles de l'Egée, merveilleuses apparitions roses surgissant de la mer bleue dans le ciel bleu ; c'est également la terre de la séduction des apparences, comme ces divinités filles des mystérieux Cabires et les épopées qu'elles ont inspirées, comme ces îles féeriques qui sont souvent des rochers aussi arides

que les grottes d'Éole, fils de Jupiter, qui soufflait
la tempête quand il ne dormait pas.

Dans ce cadre, Salonique, l' « éternelle convoitée », dresse sa tragique histoire, et encore, toujours,
des ruines. Mais, vous avez fait parler ces ruines ;
autour d'elles se révélaient des beautés, des vestiges
de la grandeur disparue, et vous avez trouvé ainsi
des sujets de tableaux, charmants comme « La Tournée au Bas-Vardar », « La Soirée d'Automne », « Les
Jours saints Orthodoxes », ou effrayants comme « Le
grand Incendie des 18 et 19 août 1917 », si terrible
« sous le vent du Vardar qui se rue en tempête des
Balkans sauvages ». Puis, ce furent votre excursion
au mont Athos, la montagne Sainte, Agion Oros ;
votre voyage « de Salonique à Tinos par les canaux
de l'Eubée » ; la visite des Écoles françaises de Volo,
de Lutra, de Syra, de Naxos, où, au nom de l'Amiral, vous êtes allé porter les témoignages de reconnaissance de la France aux religieuses et aux religieux, qui sont les grands ouvriers de son influence,
et où vous avez parlé avec tout votre cœur du
« génie national fait de bonté, de justice, de pitié
et de générosité ».

Une étude bien intéressante est celle que vous
avez consacrée aux « Races et groupements ethniques de Macédoine », parmi lesquels prédominent
le « Makedone », le Levantin, l'Israélite, le Turc et
le « Deunmeh », disciple assez mystérieux d'une
secte judéo-turque. De cet ensemble, se dégagent
deux haines : l'une, simplement humaine, des persécutés depuis des siècles contre le persécuteur ;
l'autre, toute religieuse, du persécuteur contre les
persécutés, du « croyant » contre le « raya »,

Quel avenir préparent ces haines et quelle peut être
l'application, dans les débris de l'ancienne puissance
turque, de la « fausse idée claire du principe des
nationalités avec son mirage décevant ? »

Après Salonique, Constantinople. Mais, auparavant, la *Patrie* passait devant le cap Hellés et Seddul-
Bahr, qui évoquent de si sombres drames et le
souvenir de tant de vaillantes victimes, et en vue
de l'épave du *River Clyde*, le « cheval de Troie »
des Alliés dans la malheureuse expédition des Dardanelles... « Sunt lacrymæ rerum ! » Et le bâtiment-
amiral donna aux morts le salut de la France, avec
la bénédiction de l'aumônier. Cette cérémonie me
rappelle une grande et belle toile que Montenard
a peinte pour le Ministère de la Marine, afin de
perpétuer un hommage rendu à nos marins héroïques, — légende peut-être, mais bien touchante :

Sur la mer bleue, des prêtres grecs avec leur long
voile noir qui flotte au vent, montés dans des bar-
ques, encensent l'emplacement où disparut le *Bouvet* ; derrière eux, du haut des rochers dorés par le
soleil, des jeunes filles en costume des îles de l'Archipel jettent des roses et agitent des palmes ; au loin,
dans la brume matinale, la Division Navale appa-
reille.

Quand on arrive à Constantinople, au soleil levant,
c'est un éblouissement ; la Corne d'Or, le Bosphore,
et Stamboul, Péra, Scutari, qui s'étagent dans la
lumière avec leurs minarets tout blancs dans le
bleu intense du ciel, forment un tableau circulaire
d'une beauté radieuse. Vous avez bien eu la vision
de cette beauté, mais vous avez étudié, aussi, en
observateur attentif, la cité, la rue, les mœurs de

l'ancienne Byzance ; le chapitre qui précise vos souvenirs sur votre séjour à Constantinople est l'un des
plus attrayants.

Sainte-Sophie ! ce chef-d'œuvre de l'architecture
byzantine de la grande période justinienne, avec
sa coupole de 3o mètres de diamètre, ses quatre
piliers colossaux, ses absides, la dentelle de pierre de ses chapiteaux, la polychromie de ses marbres, la splendeur de ses mosaïques à fond d'or !
Quand Mahomet II pénétra en vainqueur dans Stamboul, le peuple s'était réfugié dans la Basilique ; il y
fut massacré, et Mahomet entra poussant son cheval
sur un monceau de cadavres ; d'une main, il s'ap-
puya contre l'un des piliers, la trace de la main sanglante existe toujours ; le pilier s'était ouvert pour
offrir un asile au prêtre qui était à l'autel ; la légende ajoute que, le jour de la délivrance, le pilier
s'ouvrira de nouveau et le prêtre en sortira, élevant
des deux mains le calice et l'hostie.

Byzance avait été le siège de la civilisation la plus
brillante du moyen âge ; l'éclat de l'art byzantin
a rayonné sur tout l'Orient, et même sur l'Occident ;
son histoire tourmentée remplit dix siècles ; sa
décadence finale ne doit pas faire oublier ses périodes de prodigieuse prospérité. Ce sont les querelles
religieuses, subtiles et frivoles, les disputes ardentes des Iconoclastes et le conflit soulevé par Photius,
détruisant l'union avec Rome, qui contribuèrent
principalement à sa lente décomposition et à sa
ruine.

On n'ergote plus, aujourd'hui, sur la lumière
incréée du Thabor ; les temps sont révolus. Mais
vous faites remarquer, en y insistant tout particuliè-

rement, que, sur les ruines séculaires, il reste deux
puissances spirituelles, toutes deux héritières d'épo-
ques de grandeur, qui dominent encore le proche
Orient : Le patriarche œcuménique des Orthodoxes
et successeur de Photius, est toujours debout au
Phanar, en face du Commandeur des Croyants ; c'est
toujours la même hostilité, que les mœurs, les pratiques, le passé, la foi religieuse rendent irréducti-
ble. Quel est le secret de l'avenir ? La Société des
Nations ne le possède malheureusement pas. Mais
ne rappelez-vous pas que Constantinople « est la
capitale écrite sur le sol par le doigt de la Providence » ?

R. MAZERAT.

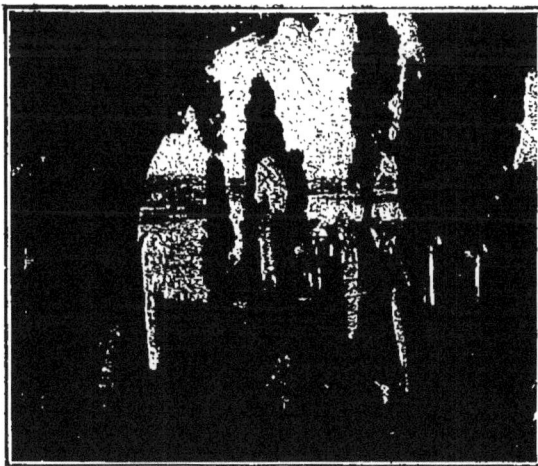

Cimetière d'Eyoub, au fond de la Corne d'or,
(Constantinople).

AVANT-PROPOS

Ces notes, rédigées d'après une correspondance intime, écrite au jour le jour, n'étaient pas destinées à la publicité. Elles n'ont été réunies en volume que sur l'invitation pressante d'une affection dévouée et d'après l'avis bienveillant d'une haute amitié.

Tout le côté militaire des opérations maritimes en Orient durant la Grande Guerre y a été, à dessein, passé sous silence. N'appartient-il pas à plus qualifié de le traiter ?

Des récits anecdotiques, des observations qui sont en quelque sorte du domaine de la géographie humaine dans la zone dévolue à la Division Navale d'Orient, composent tout le livre.

Les impressions traduites n'ont pas l'orgueilleuse prétention d'être la vérité. Où est, en effet, la vérité dans cet Orient si complexe, où des points de vue opposés peuvent être exacts, suivant le milieu, la race ou la date envisagés ?

Du moins, que le lecteur veuille bien trouver dans ces lignes l'expression d'une pensée indépendante et d'opinions formées en toute sincérité, d'après ce qui a été vu, observé, entendu ou compris.

R. T.

Mars 1921.

CHAPITRE PREMIER

A bord du «Mustapha II». — *De Marseille à Salonique.*
Arrivée à Salonique. — *22-29* Novembre 1916.

L'appareillage a lieu au petit jour. Notre-Dame-de-la-Garde apparaît embrumée et comme mystérieuse, encadrée dans une lueur orange, entre deux pannes de nuages. *Ave Maris Stella !*... Et adieu à la terre de France, si chère et que l'on sent être encore plus aimée parce qu'on s'en éloigne. N'est-ce pas souvent la privation d'une jouissance qui nous en révèle le prix ?

En cette saison, la Méditerranée est souvent assez dure et elle le fera voir durant une traversée, dont les incidents ne méritent cependant pas mention. L'itinéraire n'a rien de « commercial », car les sous-marins nous guettent et le gibier averti cherche à dépister le chasseur. Il est convenable de prendre un vrai chemin des écoliers, de faire des crochets, d'éviter les endroits suspects. C'est au service des routes de régler tout cela savamment. La veille est renforcée, les pièces sont armées ; la nuit, les sabords

3

sont clos, on navigue les feux éteints, et aucune lueur, aucune lumière ne doivent apparaître.

Le *Mustapha* transporte un bataillon d'infanterie coloniale. La tenue à la mer des troupes passagères est toujours curieuse ; et, avec le mauvais temps, le comique devient vite héroï-comique.

Nos « coloniaux » sont en réalité, un mélange de gens de tout âge, provenant en majeure partie des campagnes du Sud-Ouest et n'ayant jamais vu la mer. D'anciens « marsouins » — il en existe encore — servent de mentors et inculquent l'esprit de corps à ces nouveaux, après tout assez fiers de n'être pas des « biffins » ordinaires. Puis, il y a de tout, à bord : des créoles, des nègres, des « récupérés », plus ou moins dignes d'intérêt, et même d'ex-condamnés ayant à se réhabiliter « au front ». Parmi les soldats brancardiers, le curé d'une petite paroisse du Tarn-et-Garonne voisine avec un directeur de cirque, du doux nom de Beppino.

Un coup de siroco dans la mer Ionienne valut au commandant une nuit pénible, arracha un radeau de sauvetage et démolit une partie des bastingages. Avec ce temps, impossible de travailler, de lire ou d'écrire pour occuper ses loisirs. Mais un échange mystérieux de pensées et une émission de rayons invisibles unit les cœurs séparés pour leur procurer douceur et réconfort...

*
* *

L'arrivée dans le golfe de Salonique, puis l'entrée en rade m'avaient été vantées. Le dernier réveil de la traversée eut lieu au pied du célèbre Mont-

Olympe, couvert de neige et dominant une imposante ceinture de montagnes et de nuages... Mais, pour contempler un spectacle merveilleux, il eût fallu une vue claire... Or, un temps gris et pluvieux remplaçait le soleil légendaire.

Après une série de jours gris, venteux et pluvieux, il a enfin lui, et d'un éclat tout resplendissant. La vue de Salonique, éclairée le jour par ce brillant soleil, la nuit par un éclatant clair de lune, est attrayante. Une ligne de montagnes aux cimes neigeuses s'étend du sud au nord, en passant par l'ouest. Et la rade, pleine de grands navires, charme par son mouvement et ses aspects changeants.

Du *Saint-Louis* (1), je puis contempler un site grandiose dans un cadre imposant.

*
**

Premières impressions. — Décembre 1916.

Mes premiers pas dans la ville — un peu trop pompeusement baptisée « Perle de l'Egée », — se firent à travers des rues dont quelques-unes déshonoreraient, en vérité, un pauvre village de chez nous. Ce sont plutôt des voies défoncées et abandonnées depuis des années. La voirie n'existe pas. Avec une boue glissante et surabondante, que les piétons

---

(1) Cuirassé sur lequel était arborée la marque de commandement de l'amiral Salaun et sur lequel son état-major était embarqué.

malaxent et que les autos militaires dispersent sur
les maisons éclaboussées, Salonique, si majestueux
de loin, ne semble plus qu'un grand village formé
surtout d'une multitude de bicoques bordant des
ruelles sales. Les humains qui sillonnent ces voies
sont de toutes races, de toutes religions et de toutes
couleurs ; nous sommes en Macédoine, et en Macédoine occupée par les armées alliées d'Orient, où
toutes les parties du monde sont représentées.

Le panorama gagne à être contemplé de la haute-
ville, de l' «Acropole », ou citadelle ; il faut monter le long des vieilles murailles crénelées qui font
un effet si majestueux quand on les voit de la rade.
Quelle grande et belle nature découvre-t-on alors !
Le lever du jour « rose » la neige des montagnes,
et le soir, au coucher du soleil, des nuages de toutes
teintes produisent des effets de lumière qui enchan-
tent le regard dispersé sur un vaste et clair horizon.

Aux heures libres d'un dimanche, j'ai visité la
vieille et vénérable église de Saint-Demètre, ancienne église chrétienne du IVᵉ siècle, transformée en
mosquée sous la domination musulmane et redevenue grecque en 1912. On y a retrouvé, sous le
badigeon turc de la mosquée, les restes de mosaïques remarquables de dessin et de couleur, et les
chapiteaux des colonnes sont de très belles sculptures. Une petite pièce basse et enfumée, annexe du
temple, et qui fut respectée par les Turcs, renferme
le tombeau du Saint, très vénéré par la population
chrétienne dont il est le patron. Tandis que je visi-
tais l'édifice, trois « pappas » psalmodiaient un office, dont j'étais, je crois bien, le seul auditeur. L'officiant, porteur d'une barbe vénérable, et revêtu d'une

étole à la fois riche et... crasseuse, parcourait l'église, encensant tous les piliers et toutes les icônes ;
heureux, sans doute, de trouver un assistant galon-
né, le digne ecclésiastique m'a encensé avec un air
de respect non moindre que pour la plus vénérable
icône. Je ne m'attendais pas à pareil honneur, et,
sous un air de gravité, j'ai retenu un éclat de rire.
Ce fut ma participation dominicale au culte orthodoxe.

*
* *

JANVIER 1917

Jusqu'à présent, le climat est remarquable par sa
douceur. Le soleil, qui avait boudé à mon arrivée,
est maintenant revenu pour luire constamment. Ses
chauds rayons contrastent avec la neige qui couvre
les sommets de l'Olympe, du mont Ossa, du Pélion,
et, vers la Serbie, du Kaïmatchkalan ; celle-ci fait
penser qu'une température plus rigoureuse sévit
pas très loin de nous...

J'ai parcouru maintenant quelques quartiers de
Salonique, ancienne cité très orientale par son coloris et aussi par son délabrement, manifestation per-
manente de l'incurable et invraisemblable paresse
et indifférence des Turcs, comme des races qu'ils
ont asservies sous leur empire. Si cette ville n'a rien
de « joli », elle renferme de vieilles belles choses,
avec ses églises byzantines, ses mosquées, ses minarets, ses fontaines, ses remparts ; elle est fort pittoresque et de nature à suggérer d'étranges et mysté-

rieuses évocations, tant sont diverses les populations
qui s'y coudoient. Les quartiers et les rues de la
ville turque, qui n'ont rien de civilisé, ni d'européen, et où les officiers et militaires alliés ne vont
guère, me plaisent bien davantage et me parlent

Une rue de la ville turque.

plus à l'âme que des agglomérations de bâtisses res-
semblant à nos villes du Midi, que des rues modernes, avec maisons à étages et balcons de pierre, et
que ce riche quartier des campagnes, où sont les
belles demeures de commerçants fortunés et les

principaux consulats, mais où passe le tramway électrique.

Presque à chacune de mes incursions dans Salonique, je découvre un petit coin curieux. C'est un plaisir délicieux d'évoquer les temps anciens au milieu d'un pays et de gens figés dans un état immobile depuis des siècles et si différents de nous et de notre pays de France...

L'Orient prête à la rêverie. Ces bons Turcs, Macédoniens, Bulgares, Serbes, Valaques, etc., etc., accroupis et « lézardant » au soleil, à quoi pensent-ils donc ? Ils ne dorment pas ; réfléchissent-ils, philosophent-ils ? On ne sait. Mais, en les examinant, on se trouve aussi porté au silence et comme à la méditation. Plus qu'ailleurs, il semble bon, ici, de s'isoler et de considérer en pensée le cours des siècles. Que de souvenirs reviennent à l'esprit et que de détails à remarquer ! Un charme étrange se dégage et des choses et des gens. L'ensemble est formé de riens, et, si l'on veut, de matérialités misérables, d'individualités sans valeur ; mais, cet ensemble est puissant, car il est le signe de races, de civilisations, de mœurs multiples qui, toutes, ont concouru à former l'histoire que nous pouvons connaître.

CHAPITRE II

Les Jours saints Orthodoxes. — AVRIL 1917.

Les Grecs solennisent grandement le jour du Vendredi-Saint (Agia Paraskevi), si mémorable pour tous les chrétiens. Toute la vie commerciale et officielle est suspendue, et les pavillons sont mis en berne aux fenêtres des maisons privées, aussi bien que des monuments publics.

L'après-midi a lieu la cérémonie de l' « Epitaphon » (qui se pratique aussi dans le rite grec catholique et à laquelle on peut assister à Paris, à l'église Saint-Julien-le-Pauvre), c'est-à-dire de la mise simulée de Notre-Seigneur au tombeau. Sur ce tombeau, orné de fleurs, on pose une riche broderie qui figure en relief le Christ étendu dans son suaire, les inévitables icônes et des crucifix que le peuple vient baiser. J'ai vu, à l'église principale de Salonique (Sainte-Sophie), de fort belles broderies et de précieuses icônes. Il y a foule pour les baiser. Baiser des icônes, c'est la grande pratique — et je me demande si ce n'est pas la principale — des chrétiens orthodoxes. Mais si cet acte cultuel, tout matériel, est consciencieusement accompli et multiplié à grand renfort de signes de croix, la tenue et le respect religieux font défaut. Dans l'église, on cause, on rit, comme dans un salon, et l'idée de prière et l'adoration paraissent quasi absents. La foi existe-t-elle beaucoup ? Peut-être ! Il y a foi et foi, il est vrai, et la foi de l'oriental diffère certainement de celle de l'occidental ; mais, s'il y a foi, je n'ai pas remarqué de piété. Une cérémonie de l'église orthodoxe, c'est un rendez-vous à l'auberge de Tohu-Bohu ! Cela n'édifie pas et choque même beaucoup nos idées occidentales de Français. Ces chrétiens grecs sont cependant les héritiers directs des premières chrétientés ; leur liturgie vient des apôtres, qui furent les fondateurs mêmes de leurs églises. Le corps de l'église primitive est resté, mais l'âme en est partie. Avec les schismes ont disparu l'unité et la sainteté, qui sont, pour nous, catholiques, des caractères de la véritable église. Frères séparés par un acte politique, né de l'orgueil et de l'intérêt, et masqué par une querelle théologique, reviendront-ils jamais sous la houlette du Pasteur, successeur de Pierre ?

La Pâque orthodoxe commence le samedi soir, à minuit, où elle est solennellement ouverte. Pour assister à cette grande fête de la Résurrection, je me suis rendu à Sainte-Sophie, où le métropolite officiait. Il y avait grande affluence et un service d'ordre, fait par l'Armée et la Marine, contenait la foule à l'entrée. Mais les officiers étaient conduits aussitôt à un emplacement réservé dans la Basilique. L'archevêque, en robe violette (1) à longue queue, bénit le peuple, monte au trône placé à droite et à l'intérieur de la nef, le chœur étant masqué aux regards du public par l'iconostase, et reçoit l'obédience du clergé. Puis, ce sont des chants, des odes, des psaumes qui rappellent (ce sont peut-être les mêmes), ceux de nos ténèbres. Tout l'office se dit en grec, mais en grec ancien, de sorte que le public ne comprend guère plus ce que l'on chante que nos fidèles n'entendent le latin.

A minuit moins le quart, le métropolite revêt ses ornements épiscopaux et coiffe la tiare. Il porte un sceptre, et non pas une crosse, et tient à la main un petit livre des évangiles, insigne de sa fonction. Un diacre chante, et l'on allume un cierge à trois branches et un autre à deux branches qui symbolisent la trinité des personnes divines et la double nature du Christ, Dieu et Homme. C'est la bénédiction du feu nouveau ; toute l'assistance allume un cierge, dont tout bon orthodoxe a eu soin de se munir. Evêque, clergé, membres du Gouvernement et fidèles sortent alors processionnellement. Dehors, il y a une foule immense et, sous un beau ciel étoilé, brillent les milliers et les milliers de petits cierges de cire jaune portés par la population, massée dans l'enceinte qui précède l'église et sur la place environnante.

Le métropolite monte sur un ambon et chante ; le chœur lui répond. A minuit, par trois fois, il crie au peuple : « Christos anesti » (le Christ est ressus-

---

(1) C'était un vêtement de chœur, car les évêques orthodoxes ne revêtent en ville qu'une soutane noire; leur toque est munie d'un voile retombant sur les épaules et ils portent en sautoir sur la poitrine une sorte d'icône.

cité) ! Alors, c'est un tonnerre d'acclamations, on tire des coups de feu, des pétards et des bombes éclatent de toutes parts, les troupes présentent les armes, et la musique joue l'Hymne national hellénique. Puis, le métropolite donne l'accolade aux membres du Gouvernement et l'on rentre à l'église, au bruit des détonations.

Je suis placé juste derrière le triumvirat (Venizelos, Général Danglis, Amiral Coundouriotis), constituant le Gouvernement provisoire révolutionnaire. Ces hautes autorités, qui font ici acte officiel, se retirent au bout d'un quart d'heure, suivies de la plus grande partie de l'assistance. Pour les Grecs, le grand acte religieux est, en effet, accompli, car il importe surtout d'assister à la cérémonie qui vient de se passer.

D'ailleurs, comme les offices orthodoxes sont interminables, il serait difficile d'y être présent de bout en bout, et l'assistance s'y renouvelle continuellement. L'office de cette nuit dure presque jusqu'au matin. Il est d'une liturgie qui ne manque pas de grandeur ; et l'on y entend une musique byzantine de beaucoup de caractère et d'un effet grave et profond. La messe, ainsi célébrée en pleine nuit de Pâques par les orthodoxes grecs, correspond, je pense, à la messe dite le Samedi-Saint, dans le rite catholique latin.

J'ai assisté à cette cérémonie religieuse en curieux. Malgré la solennité majeure de la fête et le caractère du temple, principale église d'une capitale, il m'a semblé que l'assistance était peu recueillie, qu'elle ne priait pas, que les yeux regardaient, que les oreilles entendaient, mais que l'âme ne s'élevait pas vers Dieu.

Si Guizot a pu écrire que l'église catholique est la plus grande école de respect, les cérémonies orthodoxes ne permettent guère d'étendre cette constatation à l'église grecque schismatique.

Dans les églises grecques, les églises pauvres principalement, on voit, pendant la semaine sainte, des cordons pendus au mur. Un père Lazariste, très au courant des mœurs du pays, m'en a donné l'explication. C'est une superstition, comme il y en a à profusion parmi les populations orthodoxes : les sages-femmes cherchent à sanctifier (?) ainsi un cordon tressé par elles et qu'elles remettent à leurs clientes pour s'en ceindre à l'approche des couches. Mais ce cordon n'est qu'un « Ersatz », comme disent les boches ! Pour porter réellement bonheur, paraît-il, le cordon devrait avoir touché, à Jérusalem, une certaine pierre révérée par les orthodoxes, parce que la Sainte Vierge y aurait éprouvé les premières annonces de l'enfantement.

CHAPITRE III

A *Thasos*. — Juillet 1917.

Thasos est l'île la plus septentrionale de la mer Egée. Comme toutes les terres de cette région du proche Orient, elle a une vieille histoire, dont les ruines témoignent, et au cours de laquelle, sans doute, elle connut bien des vicissitudes, à l'instar du continent voisin, la Macédoine et la Thrace. Avant la guerre balkanique, elle était asservie au Croissant, — quoique la population Thasiote soit presque entièrement chrétienne, — mais elle dépendait du Khédive d'Egypte, à qui le Sultan l'avait, en quelque sorte, donnée en fief. Les revenus du domaine forestier, par exemple, étaient khédiviaux, et la seule administration dont l'on trouve trace, semble bien être celle des Wakoufs (1) sultaniehs d'Egypte, à qui l'île est redevable de quelques bienfaits. Depuis la

(1) Biens à caractère spécial, religieux et charitable, constituant des sortes de fondations pieuses et ayant une grande importance en pays musulman.

guerre balkanique, Thasos n'est plus turque, mais
est-elle réellement grecque ? Le sultan peut-il abandonner à la Grèce ce qu'à vrai dire il ne possède
plus ? La Grèce considère effectivement l'île, dont
presque toute la population est hellénique, comme
sienne. Mais toutes questions procédant d'une nouvelle souveraineté étaient en suspens, et les fruits
d'une administration grecque n'avaient pas encore
apparu dans les faits, quand la grande guerre s'étendit à l'Orient.

Thasos est en face de Cavalla et de la Bulgarie ;
une compagnie allemande, la maison Speidel, y
avait une exploitation minière, dont l'importance
et l'outillage semblent hors de proportion avec le revenu qui en devait être tiré. Ce pouvait bien être
là une manifestation du « Drang nach Oesten » de
la Germanie, un établissement masquant un point
d'appui éventuel pour les forces allemandes, et un
centre d'espionnage isolé et bien abrité. Après la
trahison de Constantin, la fidélité de la Grèce à l'En-
tente étant moins que sûre, nous avons dû occuper
Thasos, en prendre le gouvernement, l'administrer
et mettre la maison ennemie Speidel sous séquestre.

Thasos est ainsi, de fait, une petite principauté ré-
gie par la division d'Orient. L'amiral (1) est vice-
roi, les officiers de son état-major sont les ministres,
et un capitaine de frégate, gouverneur, réside dans
l'île avec un détachement d'occupation. Mais, la Grèce
étant redevenue amie, a réclamé la restitution de
cette île, occupée seulement par précaution et nécessité militaires. Il était difficile de refuser, et nous de-

---

(1) Alors l'Amiral Salaun.

vions prochainement remettre l'administration aux
autorités helléniques. Auparavant, il y avait beaucoup de questions à examiner, et c'est pour les étu-
dier avec le gouverneur que je me rendis à Thasos sur
le *Buffle*. J'y allais surtout comme Ministre des Finances, de l'Intérieur et de la Justice !

Le point de débarquement est le mouillage de Li-
mena, le village-capitale au nord de l'île, dont la forme générale est presque circulaire. La terre est très
haute et se voit de loin. Les principaux sommets ont
1.058 et 1.092 mètres. C'est une belle altitude, car si
le majestueux Olympe que l'on voit de Salonique a
près de 3.000 mètres, c'est le sommet d'un vaste
massif montagneux de la Grèce continentale qui,
pour être petite, est cependant autre chose que notre
petit point de Thasos !

Tandis que le *Buffle*, longeant la côte ouest, appro
che de terre, des avions ennemis sont en train de
bombarder l'aérodrome anglais de Casaviti (un des
villages côtiers), installé presque en face de Cavalla,
ville grecque de Thrace, occupée par les Bulgaro-
boches. J'ai vu trois vilains oiseaux lâcher leurs
bombes assez bas ; puis, canonnés par les anti-avions
et un monitor anglais mouillé devant l'aérodrome,
prendre de la hauteur. L'un vient sur nous et nous
salue de deux bombes : la première tombe à cinquante mètres, mais éclate sous l'eau, ce qui assour-
dit le bruit et nous évite peut-être quelques éclats ;
la seconde tombe à deux cents ou deux cent cinquante mètres environ. Nous déjeunions : le déjeuner a continué.

Aux approches de Liména, où est caserné notre
détachement, nous voyons les avions lancer — de

très haut — encore quelques bombes qui sont tom-
bées dans les terres, loin de toute habitation.

Thasos est un fort beau pays, avec ses arbres verts
qui viennent jusqu'au bord de l'eau, ses montagnes
couvertes de forêts de pins d'Alep et, aux pieds de
celles-ci, les vieilles oliveraies, qui occupent les plai-
nes et les petites vallées. Le site de Liména est ravissant, et les levers et couchers de soleil y resplendis-
sent. Mieux ici qu'à Salonique, où le Vardar jaunit
quelque peu la rade de ses limons, on voit, sous un
ciel très pur, des eaux bleues d'une limpidité de miroir. En face de Liména se dresse, en forme de bête
à bon Dieu, un îlot de 1.500 mètres de long, Thaso-
poulo, désert et assez dénudé ; derrière, se trouve la
côte ennemie, visible comme la rue Royale du Pa-
lais-Bourbon. Il y a près de six milles, et l'on ne s'en
douterait pas.

Thasos est à l'état de nature. Il n'y a pas une route
carrossable dans l'île, mais seulement des sentiers de
montagne, plutôt abrupts ! L'incurie des régimes
successifs qui ont dominé sur l'île est incompréhen-
sible à notre mentalité occidentale. Thasos a cependant eu un passé célèbre. C'était, du temps du paganisme, l'île des Dieux Cabires, au culte mystérieux.
On y trouve des vestiges notables d'une enceinte et
même de portes d'une époque quasi cyclopéenne :
murailles d'énormes blocs de marbre très bien tail-
lés. Il y a des restes de statues, de sculptures, de tom-
beaux très importants et qui témoignent d'une civilisation et d'un art très avancés. Il y avait une acropole, un temple païen, un théâtre en hémicycle :
l'emplacement en reste marqué par des ruines. Lors
de fouilles opérées par notre école française d'Athè-

nes, on a trouvé aussi les lignes d'une église chrétienne, des pierres avec des croix et des inscriptions chrétiennes... Qui a détruit tout cela ? L'histoire ne sait presque rien. Les Phéniciens ont habité l'île ; les Athéniens l'ont ravagée ; il y eut une occupation vénitienne ; on y a, paraît-il, trouvé de l'or, qui a engendré le luxe et la richesse, mais des siècles d'oubli ont passé... La population grecque a vécu là, asservie, exploitée, pauvre, gardant comme bien national, vis-à-vis de l'Islam conquérant, l'orthodoxie, dont l'indignité et la simonie de ses « pappas » ne l'ont nullement détachée.

En ce moment, il y a des milliers de réfugiés de la côte d'en face qui ont fui devant les Turcs et les Bulgares. Ils sont misérables, vraiment pitoyables, ces malheureux. Notre occupation leur a valu d'être employés à faire quelques travaux de voirie et d'utilité publique indispensables. Je suis allé voir, avec le gouverneur, l'hôpital et divers aménagements, terminés ou en cours, qui témoignent de l'utilité de notre occupation et de son caractère bienfaisant pour les Thasiotes.

Le commandant Scias (le capitaine de frégate gouverneur), est la providence de toute la population misérable pour laquelle son grand cœur et sa charité ont une prédilection toute chrétienne. Suivant une coutume très orientale, mais qui fait tout d'abord sourire notre scepticisme railleur, les femmes et les enfants viennent à lui, lui baisent la main et l'appuient ensuite sur leur front en s'inclinant d'un geste souple et gracieux. Parce que je l'accompagnais et que je devais être annoncé..., comme une bête curieuse, le même hommage m'a été rendu. En vé-

rité, j'ai agréé cet hommage et reçu le baise-main
des femmes et des enfants, avec une dignité épis-
copale !

Pour faire diversion aux tournées « pastorales »,
j'ai visité une partie du domaine forestier, en compagnie du chef de la mission forestière de l'armée
d'Orient, envoyée ici sur la demande de l'amiral.
Tant qu'à gouverner un pays, ne faut-il pas le faire
avec le concours de compétences ? Le capitaine de
Coincy (1) (inspecteur des eaux et forêts) m'a aima-
blement accompagné. Monté sur un bon cheval indigène habitué aux sentiers de chèvre effrayants qu'il
faut gravir, puis descendre, j'ai fait la plus agréable
excursion à travers la forêt. Vu d'une des crêtes de
l'île, le panorama de la mer, des côtes d'en face, des
villages aux toits bruns, aux maisons blanches ou
bleues, dans les vallées verdoyantes, était d'un pittoresque saisissant. Eaux bleues, ciel d'azur, soleil
éclatant, montagnes boisées et accidentées, tout est
pour charmer, au cours de la chevauchée. Mais, jamais je n'aurais cru pouvoir aller à cheval sur les
chemins parcourus, semés de branches et de pierres (qui sont de marbre blanc, car l'île est, en somme, toute en marbre).

En parcourant les villages, j'ai été surpris de ren-
contrer un certain nombre de personnes portant un
insigne tricolore avec l'image du Sacré-Cœur. La
population est cependant orthodoxe, mais elle a de
la sympathie pour la France, dont elle apprécie la
générosité désintéressée ; elle connaît et aime ses
missionnaires, dont deux Lazaristes, échappés de Ca-

_____

(1) Promu peu après Commandant.

valla, sont installés ici. A Thasos, on peut entendre
aussi quelques personnes, quelques femmes, quelques enfants parler français... Le français entendu
et compris dans cette île de l'Archipel, presque à
l'état de nature ! Ce sont des élèves ou parents d'élèves qui ont passé par nos écoles françaises tenues
par les Lazaristes ou les sœurs de Saint-Vincent de
Paul. Quelle belle œuvre française, trop peu connue
de nos concitoyens, accomplissent en Orient ces religieux et religieuses de France !

La vie thasiote serait douce, calme et reposante,
sous un ciel, avec un climat et une nature d'Eden.
Mais, pourquoi faut-il qu'on ne puisse y dormir tran-
quille ? A ma première nuit, les hôtes... aplatis de
presque toute maison orientale, ont assailli ma pauvre personne. Et l'attaque de ces bestioles fut rude ;
j'y ai laissé un peu de mon sang ! A ma deuxième
nuit, réveil pour alerte d'avions : sous un clair de
lune splendide, les bulgaro-boches viennent remar-
miter l'aérodrome anglais. Une forte explosion et
une grosse lueur, qui a brillé plusieurs heures, font
craindre qu'un dépôt de munitions ou d'essence n'ait
été atteint ; mais le téléphone se tait ; il faut attendre pour être renseigné.

Effectivement, un dépôt d'essence a été incendié.
La guerre, sous sa forme la plus moderne, par
avions, vient ainsi profaner la terre thasiote. Que
nous sommes loin des Dieux Cabires et des temps
mythologiques !

Salué à l'arrivée par le bruit des bombes, je le fus
au départ par des salves de mousqueterie. Tandis,
qu'à regret, je disais adieu à Thasos et embarquais
sur le *Moghrab*, voilà encore des avions ennemis qui

reviennent.... Ils atteignent Casaviti, et nous enten-
dons des explosions lointaines. Puis, deux aéros
anglais rapides s'élèvent et pourchassent avec avan-
tage leurs agresseurs, qui fuient aussitôt vers le
continent. Brusquement, l'un de ceux-ci tourne
court et s'en revient vers Liména. Le détachement
ouvre le feu ; mais le misérable descend rapidement
vers nous et veut voir de près ce que nous sommes.
Il y a des passagers, femmes et enfants à bord. Le
commandant défend de tirer pour ne pas provoquer
le jet de bombes. Mais, pan, pan, pan, pan ! ra, ra,
ra, ra ! l'avion use de sa mitrailleuse, et les balles
viennent faire gicler l'eau à quelques mètres de la
coque. Une salve nous était certainement destinée,
et d'autres balles ont touché l'eau à une centaine de
mètres, dans la direction du rivage, sur le bord duquel nos marins tiraient avec leurs fusils sur le mal-
faisant oiseau mécanique, qui s'est approché peut-
être à 400 mètres, et dont on distinguait parfaite-
ment pilote et observateur. Le succès est rare dans
les tirs contre avions, si j'en juge par tous ceux auxquels j'ai assisté, presque chaque jour, pendant des
semaines. Cette fois-ci encore, de part et d'autre,
les balles furent échangées sans résultat, comme
dans le plus banal des duels. Mais, en repassant devant l'aérodrome, à toucher terre, nous vîmes, du
bord, que le bombardement n'avait pas été aussi
inoffensif : un grand hangar démoli, un dépôt de
munitions en feu révélaient le mal fait à nos amis
anglais qui, paraît-il, avaient de leur côté, 48 heures auparavant, abondamment marmité la côte voisine et incendié les moissons. On leur rendait leur
visite.

CHAPITRE IV

Devant le Mont Athos.

Le trajet de Salonique à Thasos fait doubler la pointe du Mont Athos, une des trois presqu'îles de la Grèce Orientale, qui prolongent la Chalcidique et s'avancent dans la mer Egée comme les doigts d'une main.

L'Athos est une cime qui s'élève à 1.900 mètres, à pic au-dessus de la mer, et ce promontoire majestueux, flanqué, à l'extrémité, d'une arête montagneuse couverte de forêts, donne à cette terre un aspect à la fois grandiose et fantastique. La légende mythologique veut que le géant Athos ait prouvé la force de son bras titanesque en lançant cette montagne en l'air : elle retomba dans la presqu'île, au bord de la mer, et prit le nom de ce fondateur d'un nouveau genre. Pour les Grecs, cette presqu'île est la « montagne sainte » (Agion Oros), qui aurait reçu, dès l'origine, la visite du Christ, et où serait apparue « La Panagia », la mère de Dieu. On ne sait, d'ailleurs, sur quoi repose, ni à quand remonte cette tradition, à laquelle l'Evangile ne donne pas de fondement. Mais, le Mont Athos, depuis une antiquité vénérable d'un millier d'années, est, par excellence, la terre de la vie monastique orientale : le pays est couvert par les constructions et par le domaine d'immenses couvents, et n'est habité que par des moines orthodoxes. C'est un véritable Etat religieux, qui comprend presque toute la presqu'île, et a une superficie de plusieurs centaines de kilomètres carrés. L'accès d'un territoire aussi sacré est rigoureusement interdit à toutes les femmes, qui n'en peuvent franchir les limites et, — ce qui est plus singulier, — la prohibition s'étend même aux animaux femelles : c'est, je pense, unique au monde !

La « montagne sainte », vénérée par toutes les nations orientales de confession orthodoxe, forme une sorte de république fédérative, constituée par 20 monastères (1) et peuplée de 12 à 15.000 moines, plus quelques serviteurs.

Les couvents sont enfouis dans la verdure, au milieu de forêts. Aucun plan d'ensemble ne paraît avoir présidé à leur fondation ; leur importance et l'étendue de leur territoire sont inégales. Ils constituent, pêle-mêle dans la montagne, dans un paysage grandiose, une juxtaposition d'imposantes constructions, d'églises et de chapelles, ainsi que de multiples petites habitations, peintes à l'orientale, jaunes, vertes, rouges, bleues. Çà et là, se voient des terrains défrichés pour une exploitation agricole. Chaque monastère que l'on découvre de la mer a un aspect différé-

_____

(1) Dont 17 grecs, 1 russe, 1 bulgare et 1 serbe.

rent, quoique toujours majestueux dans l'ensemble, avec des tours, des dômes, des toits aigus ou plats, des murs crénelés. Au pied même du Mont Athos, on en voit deux, grandes citadelles fortifiées, à flanc de montagne, entourées d'un vaste domaine.

Cette capitale de la vie cénobitique orientale, à l'aspect étrange et pittoresque, m'intriguait trop pour que je ne cherchasse pas à me renseigner sur ce qui s'y passait. Au surplus, ce Mont Athos a été, pour la division navale d'Orient, un centre d'opérations curieux et assez important. Car, si étrangers qu'ils aient dû être aux événements du monde, certains moines, à la charité... éclairée, n'ont pas pu refuser aux pauvres sous-marins ennemis... l'abri et le ravitaillement.

On a dû, par précaution, occuper le couvent bulgare de Zographe ; il a fallu installer quelques postes d'observation dans la presqu'île, et l'armée d'Orient y a envoyé une mission forestière pour l'exploitation des bois qui étaient nécessaires en grandes quantités et que nos caboteurs transportaient à Salonique.

Nous eûmes, d'ailleurs, les meilleures relations avec les couvents, spécialement celui de Saint-Pantéléimon (Russe), et nos ravitailleurs transportaient souvent des moines et leur portaient des vivres dont le blocus les privait. Ces « communautés saintes » sont très riches, possèdent des biens dans tout l'Orient, et reçoivent habituellement des dons en nature considérables. Mais la guerre a coupé les communications, et la farine eût manqué sans notre aide. Les bons moines la demandaient avec... discrétion : au moment des plus grandes restrictions, un supérieur n'écrivit-il pas à l'amiral, pour solliciter une cession spéciale de *deux tonnes* par mois de farine blanche de froment, afin de fabriquer les hosties nécessaires à la célébration des saints mystères. Ses moines priaient tant jour et nuit pour le succès de la glorieuse France et de ses alliés !

Les vingt monastères du Mont Athos ne vivent pas toujours en harmonie parfaite, paraît-il. Néanmoins, ils forment une petite république, gouvernée par un conseil de vingt membres, représentant chacun l'un des vingt monastères. Cette « communauté sainte » a un président, le « Protathos » et une « sainte commission » (Hiéra Epistasis), dont le chef, le « protépistate », exerce le pouvoir exécutif et détient le « bâton symbolique » des vingt couvents et leur sceau.

Les monastères qui composent la république athonite sont d'importance et de richesse très inégales. Il n'y en a pas de pauvres, mais certains sont d'une richesse considérable. Le plus important, le mieux tenu, en quelque sorte, est le « Russicon », le monastère russe de Saint-Pantéléimon, où vivent plus de 3.000 personnes. Mais, il faut observer que chaque monastère ne constitue pas un établissement unique. Le couvent principal a des maisons secondaires, des annexes que l'on appelle des « Skites » et qui peuvent être fort importantes. Outre les Skites, il y a les « Kellis », sorte de petits chalets dispersés dans la montagne sainte, où habitent séparément trois ou quatre moines solitaires, et des ermitages, où sont retirés quelques moines anachorètes.

Le régime des monastères n'est pas uniforme ; il y en a de deux sortes : les couvents cénobitiques et les couvents « idiorythmiques ».

Si les moines des premiers pratiquent la pauvreté individuelle, ceux des seconds n'ont pas la même vertu ; ils possèdent des biens, exercent une profession ou un métier, et font volontiers fructifier leur fortune.

Quant à la vie monastique, elle semble comporter l'observance d'un règlement séculaire assez strictement suivi, tout au moins par une majorité de moines ; car il paraît que le moindre prétexte dispense un bon nombre de l'assistance régulière aux offices et de tout travail pour la communauté. Le maigre et les jeûnes multiples des quatre carêmes du calendrier orthodoxe sont rigoureusement pratiqués.

Toutes les nuits, il y a un long office dont les psalmodies sont monotones et interminables. En dehors des offices, des repas et d'une sieste au milieu du jour, les moines travaillent un peu à tous les métiers, suivant leur profession. Il y a aussi des marins, et l'on a souvent vu venir à Salonique des caïques uniquement montés par des moines en soutane.

La grande piété du moine est de faire, dans sa cellule, de multiples « métanies ». La métanie consiste à toucher la terre du front, en s'appuyant le corps sur les mains, et disant une courte prière, sorte d'oraison jaculatoire, telle que : « Mon Dieu, ayez pitié de moi ». Cela se répète par centaines de fois. J'ai vu, dans le port de Salonique, un bon moine faire ses métanies sur le pont d'un de nos ravitailleurs. Les matelots — et moi-même — l'aurions cru fou, si un missionnaire lazariste, fort au courant de la vie des moines du Mont Athos, ne nous avait révélé ce qu'était la pieuse « métanie »...

Que de choses curieuses ne peut-on apprendre sur
la vie au Mont Athos ? L'Orient s'y manifeste bien !
Les cénobites font vœu de pauvreté ; mais, c'est une
pauvreté relative, car l'économe ne refuse pas un
large nécessaire. Ils doivent obéissance à leur « Hygoumène » (supérieur) ; mais, ils ont pratiquement
la liberté sur beaucoup de points.

Quant aux moines de règle idiorythme, qui ne
sont pas voués à la pauvreté, certains font « des
affaires », dont profitent des parents et amis. La règle, fort antique, sans nul doute, n'a pas prévu les
richesses mobilières. Aussi, tandis qu'un moine ne
peut acquérir d'immeubles sans que la nue proprié-
té en soit attribuée à son couvent, le reste n'est pas
défendu, et certaines banques de Salonique ont de
bons clients au Mont Athos, paraît-il...

Un moine riche devient « proestos », c'est-à-dire
chef de famille, en s'entourant de quelques moines
formant comme sa maison, sa clientèle, qu'il entretient à ses frais, la communauté lui fournissant toutefois, pain, vin, huile, liqueurs (1) et bois.

D'autres moines idiorythmes, qui n'ont pas de
« famille », vivent seuls, reçoivent du couvent vêtements et nourriture, et, pour le reste, sont pratiquement indépendants. Ils ne voient leur « Hygoumène »
et leurs confrères qu'aux offices. On peut donc se
faire moine pour se retirer du monde, en vue d'une
vie matérielle bien assurée, sans travailler, en ne su-
bissant que l'autorité nominale d'un hygoumène. Il
suffit de suivre les offices un peu à sa guise, sans vie
intérieure. Que c'est loin de la vie monastique occidentale !

Enfin, dans ce monde religieux, il semblerait que

le sacerdoce dût être recherché. Point. Il y a peu de
prêtres dans les monastères du Mont Athos, juste ce
qu'il en faut pour assurer le service des messes, car
la prêtrise est un service, une charge, une fonction,
comme celle d'économe, rien de plus. Elle n'exige
ni instruction, ni sainteté spéciale. Les prêtres, comme les autres moines, sont généralement d'une ignorance déconcertante. La vie religieuse orthodoxe
consiste dans l'assistance aux offices, dans les métanies, dans une multiplicité de signes de croix..., la
prière mentale y est comme ignorée. Les supérieurs
administrent, commandent, ils n'exercent pas, en
fait, de direction spirituelle. Les monastères renfer-
ment des bibliothèques importantes, assurément des
plus riches, des plus intéressantes. Mais les moines
vivent indifférents auprès de ces trésors historiques,
qu'ils ne soupçonnent guère et qu'ils ne sondent
point. Certes, l'Orient se manifeste bien au Mont
Athos : la légende est en marge de la vérité, l'apparence y est trompeuse. Il y a du mirage. L'habit y
fait le moine...

CHAPITRE V

Le grand incendie de Salonique.

18 et 19 Aout 1917.

J'avais vu Saint-Pierre de la Martinique détruit par l'éruption du volcan de la Montagne Pelée ; et la grandeur tragique des nuées ardentes, qui suivirent la catastrophe du 8 mai 1902 et achevèrent l'œuvre de mort où disparut une population de 35.000 habitants, est restée gravée dans ma mémoire. Il s'agissait d'un cataclysme causé par la puissance invincible du feu terrestre.

Ici, j'ai vu brûler presque les deux tiers de l'ancienne Thessalonique, soit une agglomération de plus de 150.000 habitants ; la position excentrique, hors de l'ancienne enceinte, du Salonique neuf, c'est-à-dire du quartier européen dit des campagnes, lui a épargné le fléau de l'incendie.

C'était l'après-midi d'un jour de Sabbat, et j'étais dans les bureaux de la Marine, rue de Salamine, en

face du Q. G. A. A. (quartier général des armées
alliées), quand j'appris que le feu avait pris dans une
maison à l'ouest de la ville, non loin des remparts.
Un incendie, c'est un « fait divers » insignifiant en
Orient, à cause de sa fréquence. Une bicoque en torchis de plus ou de moins, un pauvre mobilier com-
posé de si peu de choses, une ou plusieurs familles
réduites à un degré de misère plus grand, il n'y a pas
là de quoi émouvoir le fatalisme résigné des orientaux. A peine cherchent-ils à éteindre le feu ! Mais,
cette fois, le bruit se répandait qu'un fort pâté de
maisons s'enflammait, et que le sinistre menaçait de
s'étendre beaucoup, car l'eau manquait pour le combattre. En occidental curieux, je me dirigeai vers ce
côté, inquiet de constater que le vent du Vardar soufflait très violemment et que le foyer de l'incendie
était juste au rempart ouest. Comme l'a dit un spirituel écrivain, « le vent du Vardar, c'est le mistral de
Salonique, mais, c'est un dur montagnard qui se rue
en tempête des Balkans sauvages ». C'est un vent
d'ouest ou nord-ouest ; il pousse donc les flammes
vers la ville, dont les constructions et leurs boiseries
sont desséchées à fond par l'été brûlant et sans pluie.
Une catastrophe se pressent ; et, en me rappro-
chant, je vois une quantité d'immeubles prendre feu
avec une rapidité déconcertante. La population dé-
ménage en toute hâte et fuit, emportant, au hasard, hardes, couchage, pièces de mobilier, au-
milieu d'un désordre éperdu. Certains décrochent des
persiennes et les jettent à la rue, au hasard, avec ce
qu'ils peuvent évacuer. Spectacle de misère, lamentable et poignant exode de pauvres, puis bientôt de riches, hommes, femmes, enfants, vieillards courant

dans la bousculade au milieu de ruelles encombrées,
d'objets déposés pêle-mêle et dont le pillage commence... Aucun service d'ordre, pas d'eau, pas de
pompes, pas d'autorités ; nous sommes en Orient.

De petites rues sont embouteillées ; ceux qui fuient
et ceux qui reviennent avec des charrettes, s'entre-
mêlent et obstruent la voie en s'injuriant. Dans une
traverse, le long des murs, sont assis de vieilles gens,
muets, tristes et résignés, regardant le spectacle avec
une apparente indifférence. Une pauvre mère, étendue par terre, donne le sein à son bébé... Cependant,
la chaleur dégagée par le foyer s'accroît déjà.

A dix-neuf heures, trois cents maisons étaient détruites ; et, sous l'influence du vent persistant, l'incendie se propageait avec une effrayante rapidité.

A vingt heures, la moitié de la ville était en flammes, sans qu'il fut possible désormais d'enrayer le
fléau.

L'impuissance et l'inaction des autorités locales
commandèrent aux alliés d'agir à leur place. Les
troupes du génie, françaises et anglaises, dynamitè-
rent ce qu'elles purent, pour arrêter le feu dévorant
qui gagnait toujours. Rien n'y pouvait plus faire.
Toute la nuit nous avons alors assisté, du pont de la
Patrie, comme d'une terrasse, au plus impressionnant des spectacles, d'une grandeur follement tragique. A tous, vint la pensée de Néron, contemplant
l'incendie de Rome...

De temps à autre, dans l'immense brasier, des dépôts d'huile, d'essence, d'alcool, explosaient avec fra-
cas, comme aussi des cachettes de poudre et de dyna-
mite, qui ne manquaient pas dans un pays préparé
aux luttes et aux révolutions. Il y avait d'immenses

flambées, dont la hauteur paraissait mesurer cent mètres. Des gerbes prodigieuses d'étincelles jaillissaient de toits écroulés, et à plusieurs reprises, le sommet pointu d'un blanc et gracieux minaret, couvert en zinc et en plomb, chauffé au rouge puis au blanc, donnait, avant de s'effondrer, l'image d'un bougeoir gigantesque, éclairant comme une vision d'enfer, un décor rouge et fumeux... Et le vent soufflait toujours, étendant sans cesse la zone du feu destructeur. Les immeubles occupés par la guerre et la marine, menacés, furent déménagés en hâte, et il fallut évacuer le port, les flammèches menaçant d'incendier tout le matériel flottant. Déjà, deux mahonnes chargées d'essence et d'huile, partaient en dérive, en feu sur la rade. Les Anglais les coulèrent au canon. Tous les navires du port durent changer de mouillage.

Le quai de la Victoire, qui fait face à la rade, et où il y avait de belles et riches maisons, s'enflamma subitement et simultanément sur presque toute sa longueur : le feu, transmis par un ruisseau d'alcool enflammé, galopait littéralement d'un immeuble à l'autre. Alors, sous nos yeux, s'étendit un brasier incandescent d'environ deux kilomètres, répandant un immense nuage de fumée qui couvrit la rade. De larges étincelles volaient partout ; et, par précaution, il fut nécessaire de serrer nos tentes.

Le sinistre ne cessa pas de toute la nuit. Les troupes se dépensèrent à l'œuvre de sauvetage de milliers et de milliers de malheureux sans abri, privés de tout, et dont beaucoup se réfugièrent sur nos navires. La marine contribua largement au sauvetage et à l'organisation des secours. Nos matelots firent, à

leur habitude, des prodiges pour sauver les gens et
le matériel, et leur action vigilante, avec le concours
des pompes de nos remorqueurs, habilement mises
en jeu, réussit à préserver du feu le quartier général
déja évacué.

L'incendie durait toujours quand l'aube du dimanche 19 août parut. Ce qui restait de la cité eût
été à son tour la proie des flammes, si la fin du coup
de vent et surtout une renverse de sa direction, n'eus-
sent permis l'arrêt du fléau avant la fin du jour. Mais
la ville basse, sur presque toute sa longueur et sur
une profondeur de 800 à 1.200 mètres, était irrémé-
diablement détruite. Or, c'était la partie riche et
commerçante ; et le désastre économique était immense.

Un si formidable brasier ne pouvait s'éteindre subitement ; des incendies partiels ont continué par
place, et il existait encore, au bout de 48 heures,
de gros foyers à combattre et à maîtriser.

L'œuvre de ruine était accomplie... Pour y ajouter une note guerrière, — qui passa, toutefois, presque inaperçue, — un avion boche, succédant à un
autre qui était venu reconnaître l'incendie, jeta, de
très haut, quelques bombes qui tombèrent à l'eau,
tout près de notre direction du port ; elles ne firent
pas de dégâts, et nous n'avons eu que trois hommes
très légèrement atteints, précisément sur notre petit
bâtiment-hôpital *Ariadne*, destiné aux évacuations
du port sur les grands transports hôpitaux.

*
* *

20 Aout 1917.

Salonique commerçante, riche et animée, le cœur
de la vaste agglomération qui s'étend autour de l'enceinte de l'ancienne ville, n'est plus qu'un amas de
décombres brûlants et de ruines fumantes. A cette
désolation, s'ajoute l'horreur d'une autre tristesse :
le déchaînement de la bête humaine, profitant du
malheur, pillant, saccageant, buvant... Le général
a dû faire venir un escadron indigène et trois batail-
lons d'alpins pour garder les ruines et les défendre
contre l'envahissement d'une triste populace.

La désolation règne maintenant là où se faisait
un négoce actif, mais sans scrupule. Des entrepôts
de marchandises les plus variées, de belles demeures, des magasins de toute espèce, aussi bien que des
églises et des mosquées ont fait place à des cendres
et à des décombres noircis. Toute une richesse, —
qui ne se transformait pas en bienfaits pour les pauvres et les déshérités de la vie, et qui n'était qu'un
moyen de jouissance, de corruption et même d'oppression, — a été anéantie... Le Veau d'Or, trop
adoré ici, a été abattu. Hélas ! beaucoup recueillent
déja ses débris pour le faire renaître...

*
* *

24 Aout 1917.

On ne saura jamais le nombre exact des victimes disparues dans cet immense incendie. Il y en a

eu peu, croit-on. Cependant l'odeur des décombres
en révèle quelques-unes...

D'après les constatations officielles, il y a entre 70
et 80.000 personnes sans abri, qu'il a fallu héberger
et secourir d'urgence.

Les deux cinquièmes des maisons de toute l'agglomération salonicienne (y compris le faubourg des
campagnes, qui forme comme une nouvelle ville
s'étendant sur plusieurs kilomètres), sont totalement
détruites. La surface des ruines est d'environ trois
kilomètres carrés. C'est effroyable ! La partie commerçante et riche a été de beaucoup la plus atteinte,
et les huit dixièmes des sinistrés sont, paraît-il, des
israélites. La haute ville turque, en grande partie
misérable, a été épargnée. Parmi tant de ruines, la
destruction de la vieille et belle église Saint-Demètre, riche de mosaïques et de sculptures anciennes,
est une perte irréparable. Le tombeau du Saint
(IVᵉ siècle), patron de la ville orthodoxe, est seul
demeuré intact dans l'enchâssement de pierre d'une
sorte de petite chapelle extérieure à l'édifice, quoique tout à l'entrée de celui-ci. L'église catholique,
dans la mission des Lazaristes, a été heureusement
sauvée. Le feu s'est arrêté devant ses murs, mais a
détruit les vitraux du côté nord, tandis qu'il a calci-
né la grande maison des sœurs de Saint-Vincent de
Paul, et les écoles contiguës.

Rien d'impressionnant comme de parcourir le
théâtre du sinistre. A cinq jours de la catastrophe,
des foyers, encore en ignition, consument à petit
feu tout ce qui est combustible. Des charpentes de
fer, tordues, effondrées, entremêlées en un vrai fouil-
lis, marquent l'emplacement des plus belles cons-

tructions ; ailleurs, il n'y a plus que des cendres
dans la fosse formée par les murs des fondations ;
ce sont les restes de maisons en bois ou en torchis. Des pans de murs croulants, aux formes étranges, font tout le relief d'un vrai paysage de mort et
de désolation. Pour éviter des accidents, il faudra
abattre ce qui reste debout dans un équilibre menaçant...

Toutes ces ruines seront-elles jamais relevées ?
Pendant bien longtemps, sans doute, on parlera à
Salonique de l'incendie de 1917, dont certaines tra-
ces demeureront

CHAPITRE VI

A L'INTÉRIEUR DU CAMP RETRANCHÉ
DE SALONIQUE.

I. *Une dramatique chasse à l'homme dans un verger.*
AOUT 1917

Après une série de jours de travail et de réclusion dans une maison de fer, à l'atmosphère lourde, telle qu'un cuirassé, il est bon de marcher un peu. Malgré la forte chaleur, je suis allé hors de la ville voir le mouvement des trains de ravitaillement aux deux gares voisines de Salonique (dites des « Orientaux », ligne de Belgrade-Vienne ; et de « Jonction », c'est-à-dire de la Compagnie de jonction de Salonique à Constantinople), car je suis toujours curieux de me renseigner de visu sur les choses et sur les opérations. J'étais en bordure de la voie ferrée, et à moins de 1.500 mètres de la gare des chemins de fer orien-

taux, quand j'aperçus, près d'un champ de roseaux,
de hauts légumes et de grandes herbes, des faction-
naires armant leur fusil et s'embusquant à l'affût.
Ce doit être, pensai-je, un sanglier ou un loup que
l'on cherche à abattre. Je m'approche et j'aborde un
zouave pour lui demander ce qu'il en est, et quel
gibier il veut atteindre avec son Lebel. Brr ! c'est sérieux ; c'est une chasse à l'homme ! Un déserteur
sénégalais tient le maquis et a déjà tiré sur une sen-
tinelle voisine, qui a eu le doigt éraflé par la balle.
Le poste accouru cherche à capturer le bandit. Pan !
Pan ! deux balles tirées dans notre direction viennent soulever la poussière sur le remblai de la voie.
Il est prudent de ne pas trop se démasquer !

L'adjudant qui commande le piquet (il n'y avait
que cinq hommes) prend le fusil d'un de ses zouaves
et, guidé par un petit grec, qui lui dit avoir vu le
nègre couché dans un sillon entouré de hautes herbes, s'enfonce dans la brousse. Je vois les herbes
remuer, puis je le perds de vue. Pan ! Pan ! crac !
crac ! Une série de coups de feu partis on ne voit pas
exactement d'où, et... plus rien. Pourtant, si ! Quelques instants après, le petit revient affolé vers le
zouave qui avait prêté son fusil, et celui-ci accourt
vers moi, en levant les bras dans un geste de déses-
poir : « Mon adjudant est tué, il a tué mon adjudant ! que faire ? » Je l'envoie, au pas de course, à
son poste demander du renfort et un brancard pour
relever le corps du malheureux adjudant, tombé rai-
de, sans pousser un cri.

Je me dirige moi-même vers le camp des
orientaux : le lieutenant commandant le poste de
garde arrive avec 25 hommes, l'infirmier et un bran-

card. Je le mets au courant de ce que j'ai vu, et lui
dis de faire attention, car, à mon avis, il ne peut
avec 25 hommes, cerner réellement un terrain aussi
étendu et où le criminel est caché. Il prend ses dis-
positions le mieux possible, tandis que je suis le
mouvement en me mettant près du factionnaire de
garde à un aiguillage, derrière une guérite en ciment
armé. Des coups de feu isolés partent, auxquels des
salves répondent. Mais, impossible de savoir où se
trouve au juste le noir, qui voit sans être vu, et tire
une balle de temps à autre, comme pour maintenir
en éveil.

Cela peut se prolonger et je crains que de nouvelles victimes subissent le sort de l'adjudant. Je me
rends donc à la gare pour téléphoner à la Place les
faits dont j'avais été témoin, et signaler qu'il me
semblait nécessaire, pour en finir, d'envoyer une
compagnie et, peut-être, avec des grenades et des mi-
trailleuses.

L'officier de service me répond que l'on n'a pas
d'hommes sous la main, mais que je faisais bien de
prévenir, que l'on allait aviser au mieux. Pris par
l'heure, je dus ensuite rentrer à bord...

Or, voici ce qui se passa :

La nuit venue, la section de service ne put que
cerner le champ. Mais, le lendemain, au jour, avec
une compagnie d'infanterie et des gendarmes, on
put rapprocher les gardes en resserrant progressive-
ment le terrain cerné. On découvrit alors qu'un malgache, puis un soldat blanc s'ajoutaient au nègre
pour tenir la campagne et se servir de leurs armes.
Ce fut une guérilla. Un sergent fut tué, puis un gendarme, puis un zouave, puis un grec... Enfin, un des

misérables fut atteint avec des grenades ; c'était le sénégalais, et il fallut finalement incendier les herbes pour déloger les autres. Le malgache fut tué et le soldat blanc se rendit.

Tel est le pénible drame, auquel j'étais loin de m'attendre à la suite d'une paisible promenade aux abords de cette grande ville militaire de Salonique. Il y a, hélas, de bien mauvais éléments dans cette armée d'Orient, où, de France, l'on envoie trop d'hommes indésirables et de condamnés en sursis ou en suspension de peine. C'est un triste revers aux actions glorieuses dont les corps spéciaux et, en particulier, nos régiments coloniaux, sont les acteurs coutumiers.

*
* *

II. *Une soirée d'automne* (1917).

Après les chaudes et fatigantes journées d'été, l'automne macédonien dans la banlieue salonicienne invite à la promenade, à la marche. L'air est désormais plus nébuleux, et un peu de rosée, la nuit, redonne un petit ton « verduret » au sol presque sans culture, desséché et jaune comme un paillasson, des collines qui entourent la ville.

En cheminant doucement vers la région littorale du Bas-Vardar, plaine marécageuse et formée d'alluvions, qui serait prodigieusement fertile si elle était débroussaillée et cultivée, je contemplai, une fois de plus, le cadre majestueux de la formidable muraille montagneuse qui, au nord et à l'ouest, limite l'horizon. Au soleil couchant, dont les reflets éclatants couronnent la ligne de faîte comme un diadème d'or, apparaissent avec plus de relief les hauts et lointains sommets de la Serbie, dont le célèbre Kaïmatckalan, illustré par l'héroïsme des vaillants soldats serbes.

La contemplation de la nature porte mon âme à se recueillir, à spiritualiser les images, et lui procure comme un apaisement bienfaisant, un repos, qui fait diversion à l'agitation de la vie et des affaires ou à l'inquiétude de l'esprit.

Sorti de la région poussiéreuse et bruyante de la gare des chemins de fer orientaux et des entrepôts militaires qui la bordent, je me dirige vers les taillis où les oiseaux, seuls habitants de cette banlieue déserte, se rassemblent déjà pour y dormir. Un bruissement de branches sèches me fait sortir de mes méditations, et un âne suivi d'une file d'autres, chargés de fagots, sort des buissons. Ils se dirigent d'instinct, d'un pas rythmé et assuré, vers la route qui poudroie au loin et ramène à Salonique. Derrière cette caravane, apparaît, la suivant de loin, un vieux musulman à la figure patriarcale et vénérable. Il passe à côté de moi, silencieux, sans détourner la tête, le regard comme plongé dans une méditation muette, rempli de cette dignité simple qui est sans doute, pour beaucoup de Français, une des meilleures causes de la sympathie qu'ils professent pour les « bons Turcs ».

La nuit se fait peu à peu et, dans le ciel pur, les phares du firmament s'allument, tandis que s'éteint, à l'ouest, la vaste lueur orangée que laisse le crépus-

cule expirant. Le calme est délicieux, et le silence
n'est légèrement troublé que par le bruissement d'ai-
les de bestioles invisibles. Trop tôt, il faut s'arracher
à cette nature reposante, car il est temps de revenir
vers l'antique Thessalonique et son port moderne,
d'où la pinasse de service me ramènera à bord.

Je regagne la ville en longeant la voie ferrée bor-
dée de quelques arbres, de médiocres vergers et de
quelques champs potagers, qui font toute la verdure
du pays ; puis, j'incline, étant en avance, vers les
chemins qui bordent la route de Monastir. Une petite rumeur frappe mes oreilles...? Le son grandit ;
ce sont des voix fraîches, claires, gaies... ; je perçois
maintenant nettement : des enfants chantent ; me
voici au carrefour de deux rues isolées, et mon oreille ravie entend le refrain d'une jolie ronde française : « Sur le pont d'Avignon », clamé à tue-tête par une
bande joyeuse de petits enfants dansant en rond.

Cela me fait battre le cœur ! La France, la chère
et belle France se manifeste ici, sur cette terre étrangère, non seulement par la puissance de ses armes
et de l'outillage guerrier d'une grande base d'opérations militaires, mais par le rayonnement de son
cœur, le clair génie de sa langue, qui sert de véhi-
cule aux idées généreuses qu'elle répand dans le
monde.

> Sur le pont d'Avignon,
> On y danse tous en rond.....

Ce refrain enfantin égare mes pensées et évoque
de charmants souvenirs lointains. Il me poursuit
quelque temps ; puis, je rejoins la ville en suivant
le rail qui va de la gare de jonction (Salonique-Cons-

tantinople) au port, à la petite station de départ, dite
de Salonique-ville. J'approche de celle-ci et, de nouveau, j'entends une rumeur gaie de voix enfantines.
Je débouche sur le chemin qui borde la voie, latéra-
lement à la gare des Orientaux, et là, j'assiste aux
ébats d'une bande de fillettes et de garçonnets —
quelques-uns de ceux-ci coiffés du fez, — qui sautil-
lent et chantent :

Nous n'irons plus aux bois, les lauriers sont coupés.

Ah ! frères et sœurs missionnaires de France,
soyez bénis pour ce que signifient ces chants, à cette
heure, sur ce sol étranger. Ces enfants ne sont pas
nôtres de race, de sang, de naissance. Ils sont israélites, musulmans, grecs ou serbes orthodoxes, il n'y
en a pas un de catholique sans doute. Mais, vous leur
avez donné, avec la connaissance de notre langue, un
peu de l'amour de notre pays qui remplit vos cœurs,
vous avez jeté dans ces jeunes âmes une semence
qui lèvera un jour et pourra substituer une vie fé-
conde au mortel engourdissement qui a paralysé leur
malheureux pays.

*
* *

III. *Autour des remparts de Salonique.*

Ma promenade favorite, quand je puis disposer
du temps nécessaire, est de traverser rapidement le
tohu-bohu de la ville basse, de monter vers la haute

ville, dans les quartiers turcs et d'atteindre les remparts qui encadrent cette vieille cité macédonienne.

Là-haut, la foule n'existe pas ; soldats et marins alliés ne s'y rencontrent plus, la population « européenne » ne se montre guère, et j'en suis ravi. Là, au moins, je me sens loin d'un camp guerrier occidental ; là seulement, je retrouve un cadre oriental ; là enfin, je découvre le magnifique panorama de la rade et du golfe de Salonique, qui se déroule jusqu'au majestueux Olympe et aux massifs du Pélion et du mont Ossa ; là, je puis contempler, dans le calme et un demi-silence, la « ville convoitée », qui s'étend à mes pieds comme en un vaste éventail.

Je longe volontiers ces remparts, au faîte crénelé, encore imposants malgré leur délabrement, et vestiges d'un autre âge, souvenir de temps plus heureux où l'épaisseur des murailles constituait un obstacle redoutable et une précieuse défense. On ne connaissait pas alors l'horrible puissance des explosifs modernes, ni les monstrueux engins d'artillerie lourde, pouvant détruire de puissantes cités !

Je monte généralement vers l'extrémité Est de la vieille ville, le quartier de Yédi-Koulé (ou des sept tours), par lequel on arrive à l'Acropole, enceinte de refuge enclavée dans les remparts comme pour servir de dernière protection contre les assiégeants.

Dans cet Acropole, il y a surtout des vergers, des champs cultivés par une population restreinte et logée dans des masures sans étages, plus pauvres et misérables encore que celles de nos « zoniers », le long des fortifications de Paris. Une mosquée, dont le toit pointu du minaret avait été atteint par un obus bulgare et s'est finalement effondré faute de

toute réparation, en marque l'entrée, à proximité
d'un mystérieux « tekké » (1), désert et comme abandonné. L'ensemble donne une impression d'agonie
et de mort, et l'on pense, dans ce coin recueilli, à
la limite d'une campagne déserte et d'une ville
surhabitée, que la voix glapissante du « muezzin » a
cessé pour toujours de s'y faire entendre.

Les remparts de Salonique (côté Est).

Je connais plusieurs petits coins délicieux autour
de ces remparts ; j'y ai mes observatoires, tantôt
tournés vers la ville et la rade (au S.-E.), tantôt de
l'autre côté vers la campagne macédonienne (au
N.-O.). Je m'y arrête, parfois m'y assieds sur le sol
ou la pierre d'un mur d'une masure éboulée, autant

_____

(1) Couvent.

que possible sous l'ombrage d'un arbre isolé et vénérable, à proximité d'une fontaine. C'est là que je
puis voir et penser à l'aise, et j'y goûte un grand
charme.

De temps en temps passent devant moi, indifférents, des musulmans, sans physionomie pénétrable,
au regard éteint, triste et comme résigné, ou bien des
petits enfants, garçons et filles, à l'œil plus éveillé
et malicieux, mais qui n'ont ni la beauté ni la fraî-
cheur des délicieux petits arabes d'Algérie et de
Tunisie, ou encore des femmes turques, le visage encadré d'un voile noir et parfois brun, jaune ou vert
foncé, rarement blanc, de la couleur de la robe.

Il est à remarquer que si les familles musulmanes,
israëlites ou orthodoxes frayent peu entre elles et
vivent côte à côte sans se pénétrer, il n'y a guère, à
Salonique, de quartier ou de maison habités exclusivement par une seule tribu. Dans certaines rues se
voient surtout des Grecs, mais des Grecs macédoniens, — bien différents du type de l'Attique, —
beaucoup plus épais, aux attaches fortes, à la physionomie rude de campagnards peu affinés.

Aux fontaines, se rencontrent femmes et fillettes
de toutes races. Les juives, à la peau fine, au regard
pénétrant, se distinguent par la couleur voyante de
leurs vêtements et de leur coiffure, qui constitue
comme un uniforme distinctif.

J'aime ces ruelles de la vieille ville turque, tortueuses, étroites, dont le pavage de cailloux n'a jamais été refait depuis des lustres, pour mieux cadrer
sans doute avec l'aspect vétuste et délabré de la plupart des maisons en bordure. Mais, à chaque pas,
à chaque détour, à chaque angle, un aspect imprévu,

rempli de cachet et de pittoresque, est une source
d'attrait, à qui une chaude et pénétrante lumière
donne une valeur spéciale.

Sans la lumière, qui pourrait charmer en Orient ?
Or, cette lumière captive et enchante encore davantage... la nuit. Oui, la nuit, les clartés lunaires sont
presque éclatantes ici, et quand le clair de lune ne
brille pas, du moins peut-on toujours découvrir une
« pâle clarté qui tombe des étoiles ». A cette clarté
solaire ou lunaire, combien est majestueuse l'ombre
d'un vieux platane dont les rameaux couvrent tout
un carrefour de ruelles ! Entre les feuilles, on peut
entrevoir des coins d'un ciel bleu ou la lueur d'une
étoile, dont l'azur ou le scintillement forme comme
un encastrement de pierres précieuses dans un magnifique tableau.

Çà et là, des vignes ou des glycines se croisent
d'une maison à l'autre et font une voûte de verdure
en forme de tonnelle. Dans une clairière, apparaît,
gracieux, un blanc minaret élancé, et à proximité,
sur la pierre d'un mur éboulé, ou sur un banc rus-
tique contre le tronc d'un arbre, de vieux musulmans égrènent leur « tesbic » (1) ou devisent entre
eux, mystérieusement, en fumant, sans se départir
d'une dignité patriarcale.

Les remparts de Salonique présentent quelques
percées faites par l'éboulement spontané ou provo-
qué d'un lot de pierres vétustes. Je connais une
« trouée », à laquelle on n'accède qu'en passant par

---

(1) Sorte de chapelet, que de plus civilisés — et moins croyants
— portent volontiers par genre et pour occuper leur cinq doigts
paresseux.

7

l'intérieur d'une pauvre cour adjacente à une misérable habitation. Mais, ce domicile n'est pas invio-
lable et la gentillesse complaisante d'une jeune
enfant serbe m'a fait découvrir le passage.

En franchissant l'épaisse muraille, on accède à
une sorte de plate-forme, sur laquelle de malheureux réfugiés se sont construit une lamentable
bicoque avec quelques planches, des roseaux et les
tôles provenant de vieilles caisses d'essence dessou-
dées. De cette plate-forme, on découvre la colline
dite de Saint-Paul (1) et un ravin accidenté descendant vers la plaine de Zeïtenlick (2).

Le long des pentes, il y a d'assez nombreuses habitations aux teintes pittoresques, rose, bleu ou brun,
entourées de quelques arbres et arbrisseaux qui
tranchent sur le sol dénudé de la campagne environnante. Maintes fois, en fin de journée ou le soir,
je suis venu là, solitaire, contempler un paysage rempli de couleur locale ; souvent, j'y ai écouté des
chants, dont l'écho me parvenait de tranquilles
demeures champêtres.

C'étaient les chants des paysans et ouvriers macédoniens réunis à l'occasion d'un événement de famille, fiançailles, mariage ou baptême, ou d'une de ces
nombreuses fêtes qui remplissent le calendrier orthodoxe. Tous ces chants que j'ai entendus, qu'ils soient
serbes, grecs, bulgares ou musulmans, ont un
rythme presque toujours uniforme et monotone

(1) Parce que le grand apôtre y prêcha, dit-on.

(2) A Zeïtenlick, existe un grand établissement appartenant
aux Lazaristes. A proximité, on avait installé des formations
sanitaires et de vastes camps militaires français et anglais.

comme une longue lamentation, et sont empreints d'une mélancolie qui porte à la gravité et à la réflexion.

Ces mélopées sont évidemment l'expression et comme l'image de ces infortunés qui, depuis des siècles, ne connaissent guère que la servitude et l'oppression. La chanson populaire prend le caractère des populations. Et y a-t-il histoire plus dramatique et troublée que celle de cette Macédoine, qui a vu toutes les invasions et qui a toujours été un champ de luttes depuis Alexandre et depuis Philippe ? Que de soldatesques y ont été déchaînées, que de vainqueurs inexorables et de vaincus pitoyables y ont habité ! Les débris de peuplades diverses qui y sont restés n'ont cessé de connaître l'angoisse de l'incendie, du pillage et du manque du nécessaire ; jamais ces malheureuses populations n'ont joui de la sécurité. Comment leur âme ne serait-elle pas demeurée craintive, fataliste et sans joie ? Car ces races, méridionales pourtant, n'ont pas l'entrain, la gaîté, la bonne humeur, le ton enjoué ni le tour spirituel que nous connaissons à nos méridionaux. Le type même a pris comme une expression douloureuse, timide et résignée, marquée dans les traits, et qui se lit dans les physionomies des hommes comme des femmes et des enfants.

Les chants macédoniens sont souvent accompagnés d'orgue de barbarie, instrument en grande faveur auprès de ces primitifs. L'ensemble de cette musique étrange produit des mélodies au ton rude et à demi sauvage, qui intéressent plus l'auditeur qu'elles ne charment ses oreilles.

Mais l'orgue de barbarie, en dépit de son nom, est

ici un signe de civilisation, si je le rapproche des orchestres turcs parfois rencontrés dans les faubourgs, ou devant un café indigène, ou devant une demeure en fête pour un mariage ou une naissance. Les quelques musiciens qui le composent n'ont de l'artiste, ni l'air, ni la chanson. Oh ! l'horrible et bruyante cacophonie dont ils gratifient leur public, à grand renfort de coups sur une énorme caisse primitive et au tapage de grossières flûtes criardes !

L'art consiste peut-être pour eux dans le bruit. Et ils accompagnent des danses lourdes, lentes et sans grâce, auxquelles le plus souvent ne prennent part que des hommes sans distinction, ni de tenue, ni de costume. Il n'y a pas de vraie gaîté ni de joie librement épanchée, et l'on songerait aussi bien à des danses funèbres qu'à un plaisir.

Cependant, j'ai vu des soldats hellènes, sans doute venus de l'ancienne Grèce, avoir plus de grâce, plus d' « atticisme » dans la tenue et aussi plus de gaîté ; et, au village tzigane, des fillettes au teint bronzé et au regard perçant, dansent entre elles avec un entrain plus joyeux.

Les soldats serbes m'ont toujours paru danser avec une gravité presque religieuse, comme s'ils accomplissaient un rite sacré, à l'instar des danses juives d'autrefois devant l'Arche Sainte. Ces rudes soldats, survivants héroïques d'une atroce épopée, vivent depuis des années hors de leur patrie envahie et ravagée, avec l'unique espoir d'y rentrer en vainqueurs. Guerriers serbes, paysans à l'âme indomptée, amants farouches de votre sol natal, sauriez-vous, même dans vos délassements, cesser d'être graves, austères et résolus ?

Les jours de fête et les dimanches surtout, la population féminine des cases macédoniennes, qui forment quelques groupements dans les faubourgs bordant l'enceinte de Salonique, procure à l'œil, fatigué de l'aspect misérable et du costume terne et loqueteux de la populace, le plaisir d'une vision plus riche en couleur et en ornement. Les femmes macédoniennes ne se recommandent cependant pas par la finesse du type, ni la grâce légère. Mais leur accoutrement est pittoresque avec ses couleurs vives et les broderies qui en rehaussent l'éclat. Elles portent une longue chemise en grosse toile blanche ou écrue brodée de laine de couleur, parfois d'or et d'argent, recouverte d'une sorte de dalmatique de bure foncée.

Les broderies qui ornent le bas des jupes, garnissent les larges manches et frangent l'encolure du corsage, sont d'un joli dessin et d'un ton harmonieux, où le rouge, le jaune, le vert, le noir, l'or et l'argent ont leur place disposée avec art. Il n'y a pas de coiffure autre que les rubans qui retiennent les cheveux graissés et réunis en une natte soigneusement tressée, agrémentée de fils et de glands de couleur, qui la terminent.

Un tablier de laine, à larges rayures, généralement de teintes variées, complète ce costume vraiment « couleur locale ».

Le costume masculin a moins de cachet. Il diffère cependant du pantalon et du banal veston de nos ouvriers européens. Les hommes portent une sorte de tunique courte en laine blanche ou brun gris, dont le ton est relevé par une ganse d'une autre teinte, une culotte ample couleur brunâtre et une

grande ceinture noire ou colorée. La tête est couverte d'une sorte de casquette de voyage, mi béret,
mi calot, qu'ils ne quittent guère, et dont l'aspect
usé indique que « la mode » n'en commande pas
le renouvellement chaque année... Ce serait une
coiffure de travail, si le travail, pour ces orientaux,
n'était trop souvent, selon une remarque spirituelle
et humoristique, qu'un repos aux fatigues de l'oisi-
veté.

CHAPITRE VII

Une tournée dans le Bas-Vardar.

Le Vardar se jette dans la mer au fond du golfe
de Salonique, après s'être divisé en plusieurs bras ;
les terres que charrient ses flots limoneux comblent
peu à peu la rade et y ont constitué un haut fond
d'une grande étendue. Le fleuve n'est pas navigable,
il est tout au plus « flottable » ; rien n'endigue ses
eaux qui, avant d'atteindre la mer, s'écoulent librement à travers une sorte de delta marécageux et
d'origine alluvionnaire, tout couvert de roseaux, de
hautes herbes, de taillis et parsemé d'arbres rares.
Quelques villages gréco-macédoniens occupent la
plaine fertile du Bas-Vardar : parce qu'ils sont dans
la zone du camp retranché de Salonique, l'armée
d'Orient y entretient des postes de surveillance.
D'autre part, comme le Bas-Vardar, si peu navigable
qu'il soit, est fréquenté par des pêcheurs, ceux-ci
sont à surveiller, tant au point de vue de la contre-
bande que des complaisances avec lesquelles ils permettent aux déserteurs de franchir la rivière. Cette

population, en effet, n'est pas loyaliste, et ne nous
regarde pas précisément d'un bon œil... Il faut donc,
de temps à autre, aller voir ce qui se passe dans ce
Bas-Vardar et notre service de contrôle du port y
fait une ronde au moins une fois par semaine.

Cette tournée de surveillance du Vardar est une
partie à la fois agréable et utile.

Il faut partir de Salonique très tôt pour contempler le lever du jour à l'embouchure du petit bras
navigable du fleuve.

Il y a très peu d'eau, et les bancs de sable vaseux
forment un seuil que le « pinasson » (1) lui-même,
le seul esquif que permettent les profondeurs à parcourir, a de la peine à franchir. En basses eaux,
il arrive qu'il faille rebrousser chemin. En eau
moyenne, on passe, au prix toutefois de quelques
petits échouages, qui procurent le plaisir de prendre
un bain de pieds en se mettant à l'eau pour soula-
ger le bateau et le remettre à flot.

Le patron du pinasson a même son balisage à lui,
fait de quelques branches d'arbre, piquées dans le
sable vaseux ; mais, le courant et le vent changent
souvent le chenal, et le pilotage est toujours un peu
empirique et incertain.

Une matinée d'hiver, je quittai mon bord avant la
venue du jour. L'aube était retardée par un amon-
cellement de nuages, mais, bientôt, une pluie d'orage
nettoya le ciel pour le reste de la journée. D'ailleurs,
« pluie du matin n'arrête pas le pèlerin » ! Et, dès
que l'aurore eut nuancé diversement et richement les

---

(1) Petite embarcation à moteur, en provenance du bassin
d'Arcachon.

vapeurs surplombant les cimes neigeuses de l'Olympe et les contours bleuâtres des contreforts des Balkans, un spectacle s'offrit aux yeux, que nul artiste
n'aurait su produire avec sa palette, tant la lumière
d'Orient a de charme et de richesse.

Avec l'apparition de l'aube, se manifeste le réveil
de toute la gent volatile du Bas-Vardar, dont les
hautes herbes des marais font assurément les déli-
ces. Il faudrait la plume d'un Kipling pour dépein-
dre la variété des hôtes multiples de cette jungle
maritime et en raconter les migrations. Sur l'eau des
bas-fonds de l'embouchure, s'ébattent des légions de
cormorans noirs, de mouettes blanches ou grises,
d'ibis, de pluviers et d'autres oiseaux de mer, aux
becs et aux pattes rouges, jaunes ou roses. C'est une
vie intense des êtres à plumes ! Puis apparaissent,
soit isolés, soit, au contraire, en longues bandes
innombrables, des canards et de magnifiques oies
sauvages, qui pullulent littéralement dans la région.
C'est une patrie d'élection du gibier d'eau.

Au loin, j'ai aperçu de grands cygnes blancs,
émergeant comme des géants au milieu d'une foule
gracieuse de mouettes posées sur l'eau. Très nombreux sont les hérons, majestueux, au vol imposant, dont la haute silhouette apparaît lointaine et
que l'on découvre à des détours de la rivière, posés
soit sur de petits îlots alluvionnaires, soit sur des
branchages au bord de la rive. Voici, tout près, sur
un chêne, un aigle magnifique et, çà et là, des oiseaux de proie d'espèces variées : tous ont l'empen-
nage puissant, planent et chassent. Les éperviers,
notamment, abondent. Corbeaux, pies, courlis se
rencontrent tous les cent mètres, comme les gra-

cieux et rapides pluviers qui s'élèvent à tout instant
au passage de l'embarcation. De loin en loin, un
martin-pêcheur à la riche parure bleu et or, s'en-
vole et court sur la berge... C'est charmant... On se
croirait dans une volière immense.

La montée en pinasson se termine à un pont de
bois construit pour l'armée d'Orient, dont la garde
est confiée à un détachement malgache. Des malgaches en Macédoine, sous l'uniforme français ! Qui
eût jamais pensé à cela avant la terrible guerre mon-
diale ?

Le pont est loin de toute agglomération, et c'est à
« Koulakïa », à deux ou trois kilomètres, qu'il faut
se rendre pour trouver des êtres humains. Un sentier défoncé, malaisé, est tracé dans la plaine qui sé-
pare les bras du Vardar. La terre est noire, meuble,
sans une pierre, et n'a pas besoin de fumier pour
être d'une fécondité incomparable. Si l'homme du
pays voulait et pouvait s'en donner la peine, il
obtiendrait aisément deux, voire trois belles récol-
tes par an. Mais on est encore ici à l'âge primitif :
on laboure avec des socs de charrue en bois ! Le terrain est cultivé à peu près partout. Il est fort
giboyeux ; on y voit courir des perdrix comme des
volailles autour d'une ferme.

Koulakia est un gros village, survivance d'une
ancienne ville, où réside un évêque grec, dont la
cathédrale n'a rien d'imposant ni de luxueux : on
dirait une grange abandonnée. De loin, les maisons
ont quelque apparence ; de près, on peut déchanter :
tout semble misérable dans ce pays qui, depuis long-
temps, cache sa richesse pour ne pas être pressuré
avec excès par les autorités ou pillé par des bandes,

car le comitadji règne dès que nos troupes ne sont pas là pour garantir une certaine sécurité.

C'est au bureau du service des renseignements, installé dans une maisonnette du village, que l'on prend table pour s'y restaurer. Le repas est fait par le patron de la pinasse qui révèle, à l'occasion, ses talents culinaires : le cadre n'est pas somptueux, ni le matériel bien riche, mais le gibier est fameux, ainsi que certain yohourt, sucré avec du miel liquide qu'on garde en bouteille.

J'ai visité quelques demeures, ainsi que les écoles, un jour où la mission antipaludique faisait des prélèvements de sang sur les enfants, garçons et filles. Partout la même caractéristique : pauvreté et rareté du mobilier. Malgré une certaine propreté, au moins apparente, et le blanchissage à la chaux des murs et des charpentes, je crois volontiers — et le sais par ouï-dire, — que la punaise a là un domaine incontesté.

Monté ensuite sur « Follette », une jument du pays, acquise par le service de la sûreté, j'ai fait un tour d'une douzaine de kilomètres dans la campagne, en allant à un village voisin « Youndjilar », aussi dénué d'intérêt que Koulakia et également gréco-macédonien. J'y ai vu le Mouktar (maire) qui passe pour un des rares ententophiles du pays.

C'est un agriculteur assez riche qui, cependant, habite une chaumière au mobilier fort modeste, et n'est pas précisément vêtu d'un pourpoint doré ! Il vaut mieux, ici, sans doute, ne pas susciter l'envie de plus puissants que soi... Et l'examen d'un compte en banque dans un établissement de Salonique apprendrait probablement que le « quasi pauvre

homme » jouit de jolis revenus, que sa terre lui
rapporte un bel intérêt et que sa fonction lui permet certainement quelques petits bénéfices, hommage rendu par ses administrés au bienfait de sa
puissance !

L'heure du retour arrive vite. La descente du
Vardar est généralement marquée par quelques
échouages, pour égayer la monotonie du trajet, et
procurer des émotions avec la crainte d'être pris par
la nuit avant d'avoir trouvé le chenal de sortie et
pu atteindre la rade. Mais pour se distraire, n'a-t-on
pas la compagnie de passagers de marque ? Outre
un chargement d'œufs et de volailles achetés dans
des fermes, le pinasson avait embarqué un ravissant
petit habillé de soie, gros comme un lapin et, em-
prisonné dans une boîte, un jeune loup baptisé
« Gounaris » par nos marins.

Un coin de la rade de Salonique : Voiliers au mouillage.

CHAPITRE VIII

LES DISTRACTIONS DE L'ARMÉE D'ORIENT

I. Un concours hippique dans la région du lac Doiran.
OCTOBRE 1917.

Le lieutenant-général Milne, commandant en chef l'armée anglaise d'Orient, a invité l'amiral (1) à assister à un concours hippique près du front du lac Doiran. Je vais l'accompagner. Il n'est pas banal d'aller visiter le front en concours hippique ! Et c'est très anglais de se distraire ainsi à proximité des lignes ennemies et à portée de son artillerie.

L'officier de liaison du Q. G. britannique auprès du quartier général des armées alliées — parfait gentleman et charmant camarade des officiers d'état-

_____

(1) Amiral Merveilleux du Vignaux, qui avait succédé au mois de septembre 1917 à l'amiral Salaun.

8

major du général en chef, avec lesquels il vit, est
le « manager » de notre partie. Ce fut un précieux
cicerone, car nous devions pénétrer dans les lignes
anglaises et parcourir en auto la route stratégique,
faite en grande partie et entretenue à grands frais
par l'armée britannique, pour relier l'avant à l'arrière. Le trajet eut été, d'ailleurs, assez monotone, si
l'attention n'avait pu se porter sur les travaux militaires. Il ne restait sans cela qu'à contempler de
vastes étendues sans arbres, peu cultivées, presque
sans habitants, et des ruines de villages, témoins
attristants des ravages atroces de la guerre dans un
pays qui pourrait être un Eden. L'horizon limité par
de larges vallonnements et, en arrière-plan, les montagnes du Kruso-Balkan donnent cependant au tableau une réelle grandeur, avec un certain cachet
sauvage.

En débouchant dans une plaine, nous eûmes l'attention attirée par la vue de grands oiseaux que nous
prîmes tout d'abord pour des avions lointains, gardant et observant les lignes. Quelques minutes plus
tard, l'auto rapide nous en ayant rapprochés, notre
erreur fut dissipée : ces grands oiseaux étaient des
aigles magnifiques ! Ceux-ci abondent dans le pays
et sont les rois de ces vastes solitudes macédoniennes, où l'homme — « homo homini lupus » — n'a
su que faire œuvre de destruction.

On croise de nombreux chemins militaires, me-
nant çà et là à des cantonnements ou à des dépôts de
matériel ou de munitions. Pour que les autos ne
s'égarent pas, la route est jalonnée de plaques indi-
catrices et, ces jours-ci, des flèches indiquent la direction à suivre pour atteindre le concours hippique

de la 16° division britannique. Se croirait-on dans une région de guerre, occupée par une armée en campagne et en cours d'opérations ? Il n'aurait tenu qu'aux bulgaro-boches de troubler et d'empêcher la fête. Mais, nos alliés ont pris leurs précautions. Ils ont remarqué que dans ce secteur, l'ennemi riposte toujours mais n'attaque pas. Alors, ils ont peu à peu réduit, puis cessé leur feu de grosse artillerie et n'ont plus fait d'incursions d'avions sur les lignes adverses, de manière à avoir une quasi-tranquillité pendant le « Horse Show ». Des avions et des « saucisses » jalonnent, d'ailleurs, le front et font bonne garde. Si quelque chose se préparait — tout à fait en dehors du programme — on serait averti.

L'emplacement du concours est fort bien choisi, à l'abri d'une colline, et forme un vaste hippodrome avec les obstacles habituels : haies, murs, barrière, rivière. Il y a des tribunes pour les autorités et les officiers alliés, car le général en chef et les généraux des différentes armées ont été conviés : un buffet a même été dressé pour eux sous une tente ! Au pesage, les plus élégants cavaliers ; et, comme toilettes féminines, le bleu et le blanc du gracieux uniforme de quelques infirmières de la Croix-Rouge.

Tandis que les épreuves se poursuivent, au plus grand intérêt d'un nombreux public d'officiers de toutes armes, les distractions d'une fête foraine, cirque, balançoires, arènes de lutte et de boxe, etc..., sont offertes aux « tommies ». C'est un camp en fête entre deux semaines de combats, peut-être ! Mais, comme le général anglais l'expliquait fort bien, il faut, de temps en temps, sortir les malheureux troupiers d'une vie de tranchées plus qu'austère, alors surtout qu'ils sont loin de leur pays, et que les cantonnements de repos sont, ici, hors de tout centre habité et de toute distraction, dans une région dépeuplée et dévastée.

Outre les ovations faites aux vainqueurs des sauts d'obstacles, deux scènes eurent un succès exceptionnel et mérité : le défilé d'un orchestre écossais et celui de la fanfare et des trompettes de nos chasseurs d'Afrique. Les Ecossais n'ont pas que le costume pour attirer l'attention et se différencier des autres troupes britanniques. Leur béret coquet, leurs jambes nues, leur petit jupon, auraient quelque chose de ridicule, si tout ne cadrait avec une allure et un chic « sui generis ». — Les « Bag pipers », les flûtes, les tambours et grosses caisses de leurs musiques forment un ensemble attrayant, et l'audition qu'ils nous offrirent en passant et en repassant devant les tribunes, fut vraiment un « clou » !

De même les chasseurs d'Afrique surent, en trois passes, au pas, au trot, au galop, captiver les spectateurs, par le rythme de leurs sonneries et l'alignement impeccable de leurs montures.

*
* *

II. *Un grand match de boxe anglaise dans le camp retranché de Salonique.* — MARS 1918.

L'hôpital Lyonnais, entretenu par la S. B. M. (Société de secours aux blessés militaires), a organisé un beau terrain de sports où se disputent de grands matches de foot-ball. L'équipe de la *Patrie* est très entraînée, et a remporté des succès au « Championnat marine contre armée ». Notre ami, le chapelain catholique du *Saint-George*, très homme de sports, qui s'est toujours prêté, avec infiniment de bonne grâce, à conseiller et même à diriger les parties d'entraînement de nos hommes, a été pris par eux comme arbitre. L'amiral qui a un grand souci du moral, est d'accord avec ce prêtre anglais, — parfait gentleman et fort instruit, — pour comprendre la portée philosophique et morale de certains sports bien pratiqués. Ici, d'ailleurs, où la vie est en quelque sorte coloniale, où les distractions saines n'existent pas, il est très important de trouver un dérivatif. Ces sports passionnent la jeunesse et, en même temps, disciplinent l'esprit, développent le corps et donnent le sentiment de l'honneur.

Nos alliés anglais sentent, comme nous, le besoin de distraire leurs soldats, ces milliers d'hommes en campagne, loin de leurs foyers. Toujours sportifs et égaux à eux-mêmes, en guerre comme en paix, en Orient comme en Grande-Bretagne, ils ont organisé, à quelques kilomètres de Salonique, à proximité d'un de leurs camps, un grand match de boxe, événement qui prend à leurs yeux un caractère d'importance et de solennité, dont nous n'avons pas idée. Parmi les juges arbitres, nous retrouvons, ici, l'aumônier du *H. M. S. Saint-George*. Dans un match — de boxe, surtout, — verrions-nous aussi facilement, en France, un prêtre catholique remplir le rôle d'arbitre officiel ?

Pour le dernier jour du grand concours, le général en chef a été invité et doit présider à la distribution des récompenses.

A flanc de coteau, de vastes gradins ont été magnifiquement aménagés, en plein air, avec 10.000 places. C'est le théâtre antique de la nature ! Tout a été soigneusement disposé et ordonné, et ce que nous allons voir est vraiment symptomatique de l'esprit et de la tenue d'une armée, née d'hier, et, en quelque sorte, créée de toutes pièces en moins de trois ans.

Avant l'heure, les 10.000 places des gradins sont occupées, et il y a encore beaucoup de « tommies » debout, derrière, et dans les voies d'accès aux places assises. Une brillante musique donne un concert, tandis que des avions se livrent sur nos têtes aux plus audacieuses et dangereuses acrobaties, à de multiples « looping the loop ». Le spectacle se divise en séries, réservées soit aux professionnels, soit aux amateurs et aux novices. Il passionne les spectateurs qui, à chaque « round », manifestent chaudement leurs sentiments et goûtent fort les bons coups.

Voici le général en chef (1) ! Tandis que le lieutenant-général Milne le reçoit, sur un simple signe, les 10.000 spectateurs se taisent instantanément, se lèvent et font le salut militaire comme d'un seul geste, tandis que résonnent les accents de la Marseillaise ! Ces 10.000 hommes sont vraiment uniformes d'allure, de costume et de discipline, et per-

_____

(1) Général Guillaumat.

sonne n'a pu se défendre d'une forte impression durant quelques instants.

Les Anglais ont la « belle manière » et leurs parades, comme leurs jeux et leurs sports, révèlent, malgré tout, quelque chose de leur caractère et de leur correction.

Au « théâtre des camps » à Zeïtenlick, près de Salonique, l'armée française a, elle aussi, son genre de distractions pour faire dérivatif à la vie un peu austère des pauvres poilus.

J'ai assisté à un « gala » avec l'amiral. Il y avait de fort belle musique et des choses amusantes et spirituelles dans une revue « Tu bouscules le minaret ».

L'armée d'Orient est bien pourvue d'artistes professionnels ou amateurs — et, même à Zeïtenlick (1), — que ce soit sous un soleil ardent, dans la boue ou dans la poussière, l'art dramatique et l'esprit français ne perdent pas leurs droits.

---

(1) Le camp dont il est question en nota, page 50.

CHAPITRE IX

———

CROISIÈRES DANS LA MER ÉGÉE ET VISITE
DES ÉCOLES FRANÇAISES

I. *A Volo*. — Mai 1918.

Après une longue période de stationnement en rade, c'est un plaisir de franchir le barrage qui défend
la baie de Salonique contre l'attaque sous-marine, et
de prendre le large.

En quittant le grand cuirassé, c'est à bord des torpilleurs ou des petits caboteurs, « patrouilleurs
auxiliaires », qui battent la mer pour donner la
chasse aux pirates, que l'on prend passage pour faire
les courtes tournées et les missions hors de Salonique. A défaut de confort et de sybaritisme, on a, sur
ces petites unités, comme l'impression de vivre une
sorte d'aventure, d'être pendant quelques heures un
bohème de la mer, qui n'a pas de toit à lui et qui est
recueilli sur un frêle esquif...

Au mois de mai, le soir tombant intensifie encore
plus le charme des couleurs, aux tons indéfinissables
et variant chaque seconde, que le soleil donne au
paysage en disparaissant derrière les montagnes.
Dans l'atmosphère claire et pure, le Mont Olympe,
« repaire des Dieux », se détache d'autant plus imposant qu'il est encore paré d'une coiffe d'hermine,.
avec ses glaciers et ses névés, survivance des temps
d'hiver et qui fondent de jour en jour.

On s'enfonce dans la nuit pour se réveiller, au jour,
parmi les Sporades septentrionales, à l'entrée du golfe
de Volo, qui offre un splendide paysage, dans un
cadre orné du mont Pélion (la montagne qui domine
Volo), des monts Othrys, des hauteurs de la presqu'île de Magnésie, qui bordent la baie à l'Est et
celles de l'Eubée, qui la ceinturent au S.-S.-O.

Comme nous sommes en Grèce, les souvenirs
mythologiques s'évoquent à chaque instant. Devant
un cap, se dressent deux rochers : ce sont Deucalion
et Pyrrha, les ancêtres des Grecs, pétrifiés là même
où ils avaient jeté des pierres pour repeupler le monde de l'Hellade.

Quand, depuis des mois, l'on n'a vu que Salonique et la Macédoine, la blanche Volo, ville moderne,
frappe par son aspect européen. Pas de monuments,
mais un ensemble de constructions coquettes, blanches, propres. Le port est en bordure du quartier
neuf, tout moderne, qui constitue la ville commerçante. Le Kastro, où restent encore quelques rares
musulmans, et où l'on voit le minaret d'une mosquée, forme un quartier presque abandonné et en décadence. Le « Volo d'en haut » se trouve beaucoup
plus loin ; c'est la vieille ville des Turcs, près des

pentes du Pélion, avec une banlieue d'oliveraies et de villages étagés au flanc de la montagne, dans un site charmant et séant.

Les sœurs de Saint-Joseph de l'Apparition (dont la maison principale est à Marseille) ont fondé ici une école de filles qui a actuellement 180 élèves de toutes confessions (orthodoxes, juives, quelques petites musulmanes, et seulement cinq catholiques). Il y a cinq religieuses, qui ont fait œuvre admirable en réussissant, malgré une violente hostilité au début, à se faire aimer dans la ville et, grâce au succès de leur maison et aux fruits appréciés de leur éducation, à répandre notre belle influence française faite de désintéressement, de charité, de pure action intellectuelle et morale.

Une représentation consulaire souvent insuffisante, des maladresses individuelles de nationaux mal avisés et de peu de surface réelle, n'empêchent pas un prestige de tradition acquis à la France par les œuvres du cœur, de l'intelligence et du dévouement. Commerce, industrie, finances, ne sont pas notre spécialité de premier rang. D'autres que nous y dominent. Mais la France a, en quelque sorte, le noble monopole de la charité et du rayonnement de la pensée civilisatrice et chrétienne.

J'ai visité avec intérêt la maison des sœurs qui, quoique je sois arrivé impromptu, m'ont réservé le chaud et traditionnel accueil fait à la marine par ces admirables françaises. Mais, pour ne pas déroger aux bonnes habitudes, il était indispensable de revenir voir les élèves en classe.

Après le palabre préliminaire dans le salon, l'inévitable tasse de thé turc et le petit verre de vin sucré,

non moins traditionnel, offert par les bonnes sœurs,
la supérieure m'a conduit dans la « grande classe »
composée d'une cinquantaine de jeunes filles (dont
seize ont de 17 à 23 ans), appartenant aux meilleures familles du lieu. Chant de la « Marseillaise »,
avec couplets spéciaux glorifiant la France et sa vaillance, comme soldat du Droit et de la Liberté. Puis...
je devais un discours à un auditoire curieux et attentif. Je savais mon public entièrement orthodoxe.
« Ratione loci », j'ai fait de l'hellénisme et vanté la
Grèce combattant à nos côtés. J'ai célébré la France
qui a fait pénétrer la civilisation et la Croix dans
le monde, qui est le champion des idées apportées à
la terre par Notre-Seigneur Jésus-Christ, le Dieu qui
a fait la plus grande révolution sur terre, et dont
le paganisme matérialiste de l'Allemagne tend à ne
faire qu'un grand homme, un prophète à la
Mahomet. Nos ennemis sont les continuateurs modernes, les fils de la Barbarie antique, où la faiblesse
ne connaissait pas de pitié. Nous, nous restons les
vrais chrétiens, les petits-fils des Croisés. Droit, Liberté, Justice sont essentiellement vertus chrétiennes. Aussi, les nobles Hellènes, descendants de ceux
qui ont toujours lutté pour la liberté, ne pouvaient
pas ne pas être finalement avec nous. Je les salue en
celles qui les représentent devant moi, et je les
remercie d'avoir entendu l'appel et de comprendre le
sens de notre hymne national qui soulève l'enthousiasme de l'univers. Je les loue d'être venus ainsi
vers nous et de voir dans les sœurs de nos écoles françaises de merveilleuses missionnaires de la civilisation et de grandes éducatrices, meilleures parmi les
meilleures. Je les félicite de vouloir apprendre notre

langue et s'imprégner, en même temps, de la pensé française. « Tout homme a deux pays, le sien et puis la France ». Aimer la France, c'est aimer la « plus belle Patrie de l'humanité », comme l'a dit M. Clemenceau.

Tel est le thème que, plein de mon but, j'ai exposé à ces grandes élèves fort intelligentes et à l'esprit très ouvert et influençable.

La mère supérieure était fort contente : « Toutes ces jeunes filles, — bavardes, paraît-il, — vont colporter cela dans leurs familles, m'a-t-elle dit ; cela va courir parmi la ville et sera d'un heureux effet. »

Dans la seconde classe, — plus jeune, — il y a quelques israëlites et quelques turques et le même thème chrétien que dans la première n'eût pas été de mise. J'ai regardé les cahiers, complimenté et encouragé les élèves, à qui j'ai fait un éloge convaincu de leur excellente maîtresse, une sœur marseillaise vraiment admirable de dévouement et d'entrain. Enfin, j'ai terminé ma journée par la classe enfantine (4 à 7 ans), composée d'un chapelet de petits enfants, gentils, éveillés, ne comprenant pas encore bien le français, que la sœur m'a présentés rangés devant leurs bancs, les mains jointes, dans une tenue parfaite : j'ai embrassé les plus sages !

La mère supérieure, femme bien remarquable, m'ayant laissé entendre que leur supérieur religieux, le curé catholique de la ville, prêtre gréco-italien, avait quelques préventions à notre égard, je l'ai priée d'informer ce digne ecclésiastique que je désirais, malgré le peu de temps dont je disposais, aller saluer le pasteur de la paroisse de nos sœurs.

Annoncé, je suis allé faire ma visite, en compa-

gnie de l'officier du service des renseignements de
l'Attaché naval à Athènes. L'effet fut grand sur ce
prêtre distingué, qui croyait peut-être qu'une autorité française ne pouvait se compromettre avec lui !
Aussi, lui ai-je tenu mes plus beaux discours. Mon
interlocuteur n'en revenait pas. Enchanté, il en a,
du coup, arboré l'après-midi, le pavillon français sur
son église, fait unique, m'a dit la bonne supérieure.
Et, au moment de mon appareillage sur l'*Amiral*
Lhermitte, à 7 heures du soir, à l'extrémité du quai
désert, après que l'école m'eût envoyé un magnifique bouquet de roses et de jasmins, qui est venu me
saluer ?... M. le curé de Volo.

*
* *

II. *De Salonique à Tinos par les canaux de l'Eubée.*
JUIN 1918.

L'amiral devait aller visiter spécialement l'établissement d'enseignement des Ursulines de Lutra, dans
l'île de Tinos. Il était annoncé et se proposait d'aller
également dans les autres îles où nous avons des
maisons françaises. Appelé à Moudros par l'amiral
anglais, en raison des circonstances, il a dû renon-
cer à ce projet, mais m'a fait l'honneur de me con-
fier la mission de le représenter dans la visite qu'il
avait promise. Il m'a donné ses instructions générales
et le *Bengali*, aviso de la division de patrouille
de Salonique, commandé par un jeune ami très

apprécié (1), doit être mon « yacht » pour cette
tournée. Je suis, d'ailleurs, libre de régler les mou-
vements de ma petite croisière, comme de faire, au
mieux, des cessions de vivres aux établissements
visités. C'est donc en « missionnaire » officiel et délégué par mon amiral, que je vais parcourir une
partie de l'Archipel.

Pour aller à Tinos, le *Bengali* n'a pas pris la route
du large de l'Egée, mais comme il est recommandé,
la route dite des canaux de l'Eubée. Ces canaux sont
une série de détroits entre le continent et la grande
île d'Eubée (ou Nègrepont), la plus riche et la plus
fertile de la Grèce ; ils commencent dans les Sporades du Nord, à l'entrée de la baie de Volo, et débou-
chent, au Sud, dans l'Archipel des Cyclades.

La Grèce est essentiellement montagneuse. Sur le
continent, les chaînes de l'Olympe, de l'Ossa, du
Pélion et ses contreforts de la presqu'île de Magnésie, bordent l'horizon jusqu'à l'entrée dans le canal
de Trikeri, où commencent les canaux. Ces petits
bras de mer sont de largeur inégale. A Chalcis, capitale de l'île d'Eubée, il n'y a plus que 80 mètres, et
le chenal est recouvert par un pont tournant en fer,
reliant l'île à la Grèce continentale.

Le trajet par les canaux est varié et intéressant.
Par la baie de Lamia que l'on aperçoit sur la droite,
en descendant, on découvre les Thermopyles, dont
le défilé fameux se reconnaît de loin dans une fente
des montagnes. L'île d'Eubée a de belles cultures et
renferme des richesses minières ; et, chose rare, on

---

(1) Lieutenant de vaisseau de Villaine.

y aperçoit de beaux grands arbres. Toute l'île est ac-
cidentée et mamelonnée ; il y a des sommets de
1.200 à 1.500 mètres, et le point culminant est de
1.744 mètres. A cette altitude, on peut voir de la
neige, parfois jusqu'aux abords du printemps.

J'ai lu que, lors de l'époque franque au xiii° siècle,
il existait en Eubée des baronnies, feudataires du roi
de Salonique. En Grèce orientale, on trouve partout
des restes et des traces d'anciens « Kastros » francs,
souvenirs vénérables du temps héroïque des croisa-
des.

La ville de Chalcis, dont je viens de parler, s'appelle aussi « Egripo ». Elle est sans intérêt ; mais,
le resserrement des terres entre l'île et sa métropole, qui oblige les navires à passer entre les culées
du pont tournant, est fort curieux. Dans cet étran-
glement, c'est un courant de foudre alternatif, sud-
nord et nord-sud, occasionné par des sortes de petites marées, dont les causes sont assez mal expliquées.
La légende rapporte qu'Aristote, désespérant de découvrir ses causes, se serait noyé dans le canal !

En quittant le chenal de Chalcis, on débouche
dans une belle rade, celle d'Aulis, où, dit-on, était
rassemblée la flotte destinée à l'expédition contre
Troie ; l'attente des vents favorables nécessita le sacrifice d'Iphigénie.

Plus loin, à l'extrémité des canaux, se trouve la
baie de Marathon et sa plaine. Puis, on atteint les
côtes de l'Attique, au beau ciel bleu, la vue étant bor-
dée à l'ouest par la chaîne montagneuse du Penté-
lique, dont les marbres ont servi à construire les monuments d'Athènes.

Vraiment, durant cette intéressante traversée des canaux d'Eubée, on retrouve partout les souvenirs de l'histoire de la Grèce.

*
* *

III. A Tinos.

Le 6 juin, à 5 heures du matin, le *Bengali* mouillait dans le petit port de Tinos, chef-lieu de l'île du même nom. La bourgade n'offre pas de particularités. Elle est blanche et resplendit au soleil sous le ciel bleu, comme toutes les agglomérations de ces belles régions méditerranéennes. De loin, l'effet est meilleur que de près, où la pauvreté le cède parfois à l'insignifiance. Le sol de l'île est montagneux et accidenté : en guise de routes, n'existent que des sentiers muletiers, en partie dallés, — et même, sur des longueurs appréciables, — dallés de beau marbre blanc, car le pays est riche en calcaires marbrés ; on y trouve notamment des marbres verts. Le plus haut sommet de la montagne dépasse 700 mètres, et c'est dans les grottes qu'elle recèle qu'était la demeure d'Eole. Le souvenir d'Eole s'impose, en effet, dans une île où, dit-on, il y a toujours du vent.

La ville de Tinos est dominée par un sanctuaire orthodoxe — le Lourdes grec — bordé à droite et à gauche par de vastes bâtiments, qui sont l'hôtellerie des pèlerins. La célébrité du lieu provient d'une icône miraculeuse, découverte en 1822, pour laquelle le temple et une crypte, où se trouve « la fontaine

sacrée », furent construits. A l'Annonciation, — le
25 mars, — et au 15 août (du calendrier Julien), les
pèlerins, malades et infirmes, affluent de toute la
Grèce, et viènnent implorer la « Panagia Evangélis-
tria ». C'est alors, paraît-il, une cohue bruyante et
quelque peu désordonnée.

Pour se rendre au monastère des Ursulines du
Sacré-Cœur, à Lutra, à l'intérieur de l'île, il faut

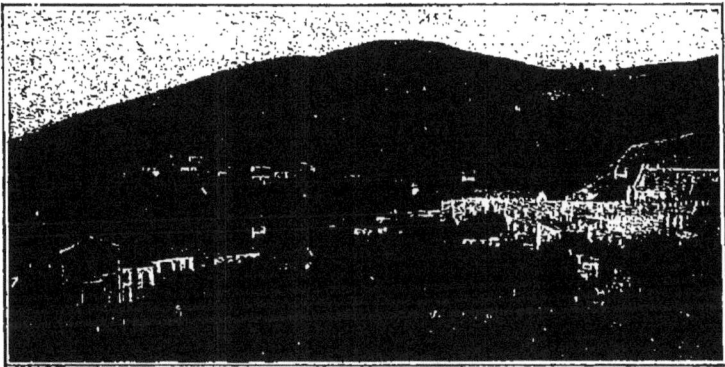

Le monastère des Ursulines, à Lutra (île de Tinos).

gravir la montagne par un sentier accidenté. Le trajet à âne ou à mulet dure une heure et demie, mais
il est rendu intéressant par de belles échappées sur
la mer, la vue des îles de l'Archipel et les différents
aspects d'un pays très montagneux, cultivé et parsemé de petits villages blancs. Le paysage est agré-
menté, par moments, de nombreux colombiers véni-
tiens de forme caractéristique rappelant l'antique
domination de la République de Venise, qui explique aussi l'existence, sur cette terre orthodoxe, d'une
forte proportion de catholiques.

Au débouché d'un chemin creux, ombragé de figuiers, nous voyons subitement nos couleurs flotter au vent sur des toits carrés que domine la croix d'une chapelle : la fête s'annonce ainsi au monastère, avec son double caractère religieux et patriotique.

Nous sommes attendus. Sitôt descendus de nos montures, nous entrons et il y a réception au salon par la mère prieure et son conseil. Aussitôt après, je visite rapidement l'établissement, qui est vaste et tenu avec un ordre et une propreté monastiques.

La joie se lit sur les visages, qui s'inclinent sur notre passage dans un salut prolongé, à la fois genre oriental et vieille politesse du xviie siècle ; car, pour ces religieuses et ces élèves, isolées dans ce petit pays privé, du fait de la guerre, de relations fréquentes avec le continent, c'est assurément une fête et un événement de recevoir la visite des marins français.

Nous sommes introduits dans une grande salle, celle des fêtes ! Elle est parée de rameaux verts, de drapeaux français et grecs, de guirlandes bleu, blanc, rouge, à profusion. L'emplacement de la scène est fermé par un rideau formé de deux grands pavillons tricolores.

A notre entrée, tout le pensionnat entonne un chant de bienvenue sur l'air de la Marche Lorraine ; puis, en rangs, précédées de deux bannières à nos couleurs, portées par les toutes petites, les élèves défilent devant nous en s'inclinant d'un geste gracieux. Le monastère remonte au xviie siècle, je crois ; et, je n'ai pu m'empêcher de penser aux demoiselles de Saint-Cyr du temps de Mme de Maintenon !

Après un compliment et la remise de splendides
bouquets par les petites, il y eut pour continuer un
spectacle tout français et patriotique. On se sent
vraiment dans une oasis française, en ce coin de
l'Archipel grec !

Arrive la fin. Je me lève, car c'est le moment du
discours traditionnel : « Annonce de ma mission,
» regrets de l'amiral empêché, salut à la mère prieu-
» re, aux religieuses, aux élèves, à leurs familles.
» Remerciements de donner à la France ce témoi-
» gnage d'attachement, de lui demander avec la con-
» naissance de sa langue, l'enseignement de ses pen-
» sées, de ses idées, de sa civilisation. Au surplus,
» la vieille civilisation grecque, sa langue classique,
» l'architecture et la littérature grecques, sont des
» racines d'où notre génie français est en partie
» issu. Souvenirs de l'indépendance de la Grèce, à
» laquelle la France contribua tant ; et, maintenant,
» la lutte sanglante côte à côte contre un ennemi
» commun... Annonce de la victoire toute récente
» — et encore ignorée à Tinos, — de l'infanterie
» hellène au Skra-di-Legen. Salut aux vainqueurs et
» à ceux qui sont tombés !... En France, la guerre
» est particulièrement atroce. Comme les barbares
» antiques sur la Grèce de l'art, de l'idéal et de la
» beauté, pourquoi l'Allemagne, pays du matérialis-
» me et de la brutalité, s'est-elle acharnée avec furie
» sur la plus belle Patrie de l'Humanité ?
» Ses crimes sont sans limites : nos cathédrales
» systématiquement visées et détruites, l'abomina-
» ble horreur des gaz toxiques invisibles, l'esclava-
» ge restauré par les déportations, etc..., etc...

» L'heure est grave, angoissante. Jeanne d'Arc,
» — honorée dans la maison, — rappelle comme
» l'écriture sainte, le devoir de la prière qui, seule,
» peut obtenir du cœur de Dieu et donner la victoi-
» re aux plus vaillants. Les hommes d'armes bataille-
» ront, disait-elle, mais c'est Dieu qui donnera la
» victoire ! Prions donc et supplions Dieu, la Sainte
» Vierge, les Saints de la Patrie pour que la cause
» sacrée des grandes idées du Droit, de la Justice,
» de la Liberté, filles de l'Evangile, ait un triomphe
» éclatant.

» France et Grèce se donnent la main dans la
» lutte ; elles seront associées dans la gloire de la
» victoire : Vive la Grèce, vive la France ! »

Hymne grec, Marseillaise !

Tel fut à peu près le thème de mon allocution improvisée, où j'adoptai tour à tour le ton souriant,
grave, ému, indigné, et enthousiaste. Tout en par-
lant, je voyais fixés sur moi les regards de toutes ces
jeunes filles, immobiles comme des statues, certaines au visage impassible, d'autres aux traits si mobi-
les qu'ils me reflétaient leurs sentiments comme une
image dans un miroir... Parmi elles, une fillette de
14 à 15 ans, qui, seule, n'avait pas l'uniforme des
pensionnaires, me frappa beaucoup par l'expression
pensive et émue de sa physionomie. A la sortie, son
regard, attaché sur moi, poussa ma curiosité à m'informer de ce qu'elle était. Or, c'était une jeune
israélite de Salonique ! Il paraît que cette enfant a une
âme particulièrement délicate, m'a dit la mère
prieure. Quoique de religion juive, elle demande à
aller à la chapelle et est portée à la piété. Elle dé-

clare aimer beaucoup la Sainte-Vierge, et veut, à
la procession, porter l'étendard du Sacré-Cœur.
Comprenne qui pourra ces sentiments de la part
d'une israélite ! Car, bien entendu, de même qu'à
tous les ordres religieux catholiques en Orient, il st
défendu aux Ursulines de Tinos de faire aucun pro-
sélytisme parmi leurs élèves. Il paraît que mes paroles l'ont beaucoup frappée et elle a déclaré à la Prieure que c'était pour elle le « clou » du spectacle !

Après une petite promenade dans les jardins étagés et fleuris du monastère, — et le thé, s. v. p., —
je suis convié à une nouvelle séance, une représentation donnée par les externes et les orphelines. Les
ressources du monastère provenant de la pension des
élèves riches servent, en effet, à l'entretien d'une
école gratuite pour les jeunes filles catholiques du
pays. Pauvres, la plupart, ces enfants ont une distinction de tenue, de visage et même de prononcia-
tion du français, qui m'a étonné. Elles m'ont plus
touché que les autres, puis-je dire. Vers elles, enfants spécialement attachées par tradition catholique
à notre école française, devait aller un témoignage
spécial d'estime et d'intérêt ; et je leur ai fait entendre une note de sympathie, une note religieuse aussi,
toute particulière. C'est un peu du cœur de la France
que je devais leur apporter.

Oh ! Quelle belle œuvre française, quel noble rôle
éducateur assurent nos établissements religieux en
Orient !

Bien qu'au voisinage du solstice d'été, voici que
le jour décline. Il faut vite dîner, car le commandant
du *Bengali* doit rentrer à bord avec ses hommes,
afin d'assurer, la nuit, la veille contre le sous-marin

qui pourrait avoir repéré, dans un mauvais dessein, le mouillage de Tinos. Mais, en ce qui me concerne, j'ai répondu aux sollicitations de la mère Prieure, en acceptant d'être complètement son hôte et de passer la nuit dans l'annexe du couvent. Avant la nuit complète, je descends cependant à Xinara, un village voisin de Lutra, situé au pied d'un sommet rocheux caractéristique, qui domine l'île, et où se trouvent la cathédrale et l'évêché catholiques. J'y viens saluer l'Évêque, Mgr Vido, prélat de grande taille, de physionomie sympathique et distinguée, faite de dignité et de bonté. Originaire de l'île, il y est entouré d'une très grande considération. A la fin de notre courte visite, en raison de l'heure, Mgr Vido a exprimé le désir d'attendre à leur passage, le lendemain matin, le commandant et les marins du *Bengali*, qui reviendront à Lutra pour la fête du Monastère, et de se joindre à eux.

Tandis que la cavalcade des « cols bleus » descendait vers le port, je retournai vers mon cottage monastique et trouvai une chambre parée de fleurs, gaie comme celle d'une ravissante villa de plaisance. Le ciel de juin resplendissait d'étoiles, l'air était pur, calme et embaumé. Après une dernière sonnerie de cloches, sorte de couvre-feu, le calme et le silence complets s'étaient faits. De mon toit en terrasse, le pays, sous la clarté pâle d'une belle nuit d'Attique, m'apparaissait mystérieux et attachant.

Nuit d'Orient, captivante et séductrice, portant l'âme à la rêverie spirituelle, à la contemplation admirative de l'œuvre du Créateur, et où les cieux chantent la gloire de Dieu...

Le tintement joyeux des cloches du monastère,

auxquelles font écho celles de l'Eglise et de la chapelle voisine des Pères Jésuites Siciliens, me réveille de
bonne heure. Je contemple la campagne radieuse
sous un soleil déjà ardent, avec ses villages étince-
lants de blancheur ; et, dans cette belle nature, il
semble que l'Angélus vient chanter les sentiments
éprouvés par l'âme reconnaissante. Comme le disait
le poète latin, « Deus nobis hæc otia fecit. »

La solennité du Sacré-Cœur est la fête de la maison des « Ursulines du S.-C. » La chapelle est parée
de tous ses ornements, les plus belles fleurs ornent
l'autel, nos couleurs sont arborées à la place d'honneur. J'ai assisté à la messe à laquelle — quoique
orthodoxes — viennent cependant les élèves internes, qui y chantent de bon cœur des cantiques français. Une place d'honneur dans le chœur m'avait
été réservée.

Une sonnerie de cloches annonce l'arrivée de
l'évêque, qui vient présider la procession solennelle.
Le spectacle était peu banal de ce noble prélat sep-
tuagénaire, au port majestueux dans sa soutane violette, cheminant dans la campagne, monté sur une
grande mule et traversant les villages, encadré d'un
officier et de marins français à âne ou à mulet, qui
lui faisaient comme une escorte d'honneur !

La procession fut fort belle. Plus de 3o prêtres,
— tous ceux de l'île — étaient là, en habits sacerdo-
taux, escortant le Saint-Sacrement. Et tandis que les
flambeaux étaient confiés à notre petit détachement
de marins, j'ai porté le dais avec le commandant,
un maître et un autre gradé du *Bengali.*

Toutes les élèves en voile blanc, avec des bannières
et l'insigne du Sacré-Cœur (les orthodoxes admettent

cette dévotion des catholiques) formaient un beau
cortège avec les 52 religieuses du couvent et toute
la population accourue des villages voisins. La cérémonie s'est déroulée dans le domaine du monastère,
accidenté et fleuri ; par moments, l'on défilait sous
de longues charmilles richement fleuries et toutes
parfumées ; trois reposoirs dressés avec un goût parfait étaient comme formés de magnifiques bouquets
de fleurs et de verdure. Au retour, après une dernière bénédiction à la chapelle, un cantique vibrant
pour la France fut chanté par toute l'assistance. N'est-
ce pas merveilleux de la part de ces religieuses, d'ar-
river à faire chanter de pareilles hymnes françaises,
religieuses et patriotiques, en un tel lieu, — petit
coin de la Grèce insulaire, — par une telle assemblée, composée en partie d'orthodoxes et d'étrangères !

Un petit tour de promenade dans les jardins de
l'établissement précéda un grand déjeuner offert,
suivant la tradition, paraît-il, à l'évêque et aux principaux membres de son clergé.

Le commandant du *Bengali* et moi entourions
Mgr Vido. Celui-ci nous était acquis de cœur, comme
son chancelier, homme cultivé et charmant ; mais
d'autres convives étaient tièdes et suspects ; la mère
Prieure m'avait averti. Monseigneur nous ayant porté
un toast, il me revenait d'y répondre : « Mon premier
hommage fut pour le Souverain Pontife qui, comme
ses prédécesseurs, et plus qu'eux encore, a, dans la
solennité d'un consistoire, au cours d'une mémorable allocution, rendu à la France, fille aînée de
l'Eglise, et à sa cause, un magnifique témoignage de
vérité et de justice ; je parlai ensuite du successeur

des apôtres (de l'apôtre saint André, sans doute,
fondateur de l'Eglise de Tinos), du vénérable prélat,
qui témoignait à notre école, à nos religieuses, un
si bienveillant intérêt, et à son clergé qui, sur une
terre orthodoxe, évangélise un important troupeau
catholique et le plus fervent des Cyclades. Un hommage rendu à la Grèce et à la victoire de ses troupes
au « Skra-di-Légen » me permit de passer au chapitre émouvant de la guerre — atroce sur notre sol
envié et convoité par la barbarie teutonne, mais
défendu par les plus nobles soldats du monde, — et
de rappeler les écrits des cardinaux Amette et Mer-
cier sur la nation allemande, qui a attaqué sauvage-
ment et injustement la Belgique et la France, qui
s'est parjurée, qui a assassiné prêtres et religieuses,
qui s'acharne sur les églises et détruit les cathédrales !

J'ai terminé en formulant un appel à la prière des
ministres de l'Evangile qui m'écoutaient et en repro-
duisant le vœu du vicaire de Jésus-Christ qui leur
enjoint d'offrir leur messe le 29 juin pour que se
réalise la parole du psalmiste : « La justice et la paix
se sont embrassées ».

Alors, en me rasseyant, qu'ai-je vu ? Le vieil évêque versait des larmes !

La conversation qui a suivi fut animée (car même
dans un monastère, sous la présidence d'un évêque,
la chaleur est plus communicative à la fin du ban-
quet qu'aux hors-d'œuvre). J'ai dû vider mon sac
d'anecdotes et de traits montrant la beauté de l'âme
française, calomniée systématiquement par nos ennemis. Il fallait convaincre. Un de mes auditeurs gar-
dait une politesse et une réserve froides. Mais quel-

que effet a, tout de même, été produit : au moment
du départ, la mère Prieure m'a annoncé triomphan-
te qu'un prêtre, jusque-là hostile, lui avait déclaré :
« Ma mère, je vous demande pardon, je suis édifié...
et converti ! »

Ma mission n'était pas finie. Je devais, au nom de
l'amiral, parler aux religieuses, presque toutes françaises, dont j'ai demandé la réunion dans la salle
prieurale. J'avais à remercier ces bonnes sœurs de
l'œuvre accomplie, à les féliciter, à les encourager
aussi. Je devais leur dire la reconnaissance de la
France, dont je leur apportais — par ordre — un
écho trop faible. Ces saintes femmes en furent
émues, quelques-unes jusqu'aux larmes.

Avant l'adieu aux élèves internes, on nous donna
une nouvelle petite séance récréative, que je dus
même faire écourter, — en raison de l'heure tar-
dive — mais qui fit entendre à nos marins quelques
belles scènes et chansons patriotiques. Ensuite, ce
fut aux externes et aux orphelines que j'adressai un
adieu.

Naturellement, je demandai les traditionnels jours
de congé, à la plus grande joie du jeune auditoire !

Et quand la chevauchée du retour s'organisa, et
que nous descendîmes de Lutra sur Tinos, d'où il
fallait appareiller avant la nuit, la Marseillaise reten-
tit à nos oreilles, clamée par un chœur de jeunes
grecques arborant et déployant sur une terrasse un
drapeau français et agitant leurs mouchoirs...

La maison de Tinos est renommée dans l'aristocratie grecque par sa bonne éducation. Les Ursulines
du Sacré-Cœur y travaillent bien pour la France.

*
* *

IV. A Syra.

La traversée de Tinos à Syra n'est pas longue ; et
d'une île à l'autre, l'œil ne perd pas la terre de vue.

Syra fut autrefois la métropole catholique des
Cyclades, ce qui lui avait valu une protection française, à l'abri de laquelle elle a su garder une habile
neutralité entre les Grecs et les Turcs, au moment
de la guerre pour l'Indépendance. L'île n'est pas
étendue. Elle est montagneuse mais sans grande altitude, puisque le point culminant est marqué à 440
mètres. On y voit peu de cultures ; la roche blanche
et nue y brille sous les rayons d'un beau soleil et
laisse une impression d'aridité. C'est cependant le
port de relâche important de l'Archipel. La capitale
est la préfecture des Cyclades : Hermopolis — la
ville double — composée du haut et du bas Syra,
est étagée à flanc de colline, ce qui lui donne un
aspect assez important, vue de la mer. De près, c'est
plus banal ; la ville n'a rien de remarquable ni
d'attrayant. Mais, nous y avons quatre établissements, tous importants et bons ouvriers de l'influence française. C'est à ce titre que ma mission y commandait une relâche.

L'école des Sœurs de Saint-Joseph de l'Apparition — sous la direction du même ordre qu'à Volo
— est la plus ancienne. Elle a connu une grande
vogue ; encore prospère, elle l'est moins cependant
que précédemment. La supérieure est très âgée, les

attaques de la maladie l'ont affaiblie, mais elle avait jadis acquis à sa maison un véritable renom. Au moment de notre passage, elle donnait encore une preuve de son énergie et de son dévouement en faisant elle-même la classe pour suppléer une de ses sœurs, qui avait conduit à Athènes les grandes élèves pendant la session des examens. Aussi, ne lui ai-je pas ménagé, de la part de l'amiral, de chaudes paroles et de vives félicitations pour la belle œuvre qu'elle a accomplie à Syra depuis tant d'années.

Les sœurs de Saint-Vincent de Paul tiennent dans la ville haute, — la partie catholique, mais aussi la plus pauvre, — un hôpital qui jouit d'une excellente renommée. La supérieure a des qualités exceptionnelles de cœur et de distinction, qui lui ont attiré une réelle popularité ; toutes les classes de la population lui vouent un même respect.

Ces sœurs, en vraies « filles de la charité », ont su, avec des ressources modiques, fonder et entretenir un ouvroir où elles ont recueilli des orphelines. Rien que la tenue, l'ordre et la propreté de la maison, révèlent les précieuses qualités de nos religieuses françaises. Au cours de ma visite impromptue, j'ai pu me rendre compte de tout le bien accompli par cette maison, où se manifeste si bien le cœur de la France et qui ne peut manquer d'inspirer une profonde sympathie.

J'en dirai autant de l'école Saint-Georges, voisine de l'hôpital français et dirigée par les frères. Ces frères se montrent ici comme partout, d'admirables éducateurs. Installés à Syra par l'évêque catholique actuel, Mgr Macrionitis, grand ami et admirateur de la France, que je n'ai pas manqué d'aller saluer, ils se sont vite faits, en enseignant notre langue, les missionnaires et apôtres infatigables de notre pensée et de notre génie français. Heureuse et fière, notre Patrie peut l'être, d'avoir ainsi, au loin, des propagateurs dévoués et désintéressés de son influence civilisatrice !

Les élèves de l'école Saint-Georges sont plutôt des jeunes gens que des enfants. Leur physionomie intelligente m'a frappé. Ils m'ont chanté plusieurs airs français avec un élan spontané. Et, quand je leur ai adressé la parole, j'avais l'impression de lire dans leur regard ce qu'ils éprouvaient en m'écoutant, et leurs yeux attentifs me parlaient. Assurément, cette jeunesse a l'âme sensible et enthousiaste, et ses maîtres l'ont formée et disposée pour vibrer aux grands sentiments.

L'école d'Hermopolis — dans le bas Syra — dirigée comme l'hôpital, par les sœurs de Saint-Vincent de Paul, est magnifiquement installée en bordure de la mer, presque à l'entrée du port. C'est, je crois, le plus riche établissement de l'Archipel, et il est dirigé par une supérieure, maîtresse femme, et de grande volonté. Outre l'école principale, destinée aux enfants des familles riches et de l'aristocratie, la maison comprend une section d'orphelines et d'externes élevées, en général, gratuitement : comme à Tinos, les recettes de l'école payante servent ici à l'entretien des élèves pauvres et de l'ouvroir. Mais, la charité des sœurs n'est cependant pas satisfaite : elle aspire au moment où, les difficultés actuelles du ravitaillement disparaissant, il sera possible d'ouvrir un dispensaire et de fonder une soupe populaire.

La supérieure m'a fait visiter l'établissement en grand détail et fait voir les élèves classe par classe avec leurs maîtresses, dont quelques-unes sont laïques. L'examen des cahiers, la récitation de morceaux choisis, les chants, etc... m'ont laissé une excellente impression. La France tient une large place dans l'enseignement et tout est fait dans cette maison pour qu'elle y soit aimée.

***

V. A Naxos.

En s'éloignant de Syra, la vue de la ville d'Hermopolis, toute blanche dans l'azur du ciel et des eaux qui l'encadrent, est fort gracieuse. Mais, dans cette mer de l'Archipel, au centre des Cyclades, l'on a toujours une terre en vue ; et l'attention se reporte vite de l'île que l'on quitte à celle vers laquelle on va. Dans la belle lumière de juin, par temps clair, l'air transparent et le ciel serein habituels à cette région, nous mettons le cap sur Naxos, et nous revoyons, à gauche, Tinos, Mykonos et Delos, qui semble partie intégrante de la précédente, l'île du fameux temple d'Apollon dont le sol est, paraît-il, couvert de débris innombrables, qui évoquent une antique grandeur. Sur la droite, on laisse Paros, aux marbres célèbres, devant laquelle on défile, tandis qu'au loin, derrière une poussière d'îles, Milo se dessine dans un gris estompé ; et déjà l'on approche de Naxos, la plus grande des Cyclades.

C'est une des plus belles îles et l'une des plus fertiles de l'Archipel. Elle est montagneuse comme toutes les terres de la région, et ses flancs recèlent des carrières de granit, de marbre et surtout d'émeri, qui est, pendant la guerre, son produit le plus recherché et une grande source de revenus. Cet émeri sert de fret de retour et de lest à certains de nos ravitailleurs de Salonique, qui vont généralement le charger à Syra, où il est apporté par caïques, l'île n'ayant pas de port ni d'abri hospitalier pour les navires d'un certain tonnage.

Naxos ou Naxia, la capitale, offre à l'œil de l'arrivant une pyramide assez imposante de maisons blanches, agréablement étagées les unes au-dessus des autres, et l'on aperçoit, à gauche, en entrant dans le petit havre qui constitue le port, une colonne qui rappelle l'existence d'un temple de Bacchus. Car la Naxos antique était l'île de Bacchus ; son sol et son climat permettent, en effet, d'y cultiver la vigne et d'en tirer un vin généreux.

Naxia, qui a si bel air de loin, ne se signale de près que par des rues étroites, mal tenues, tortueuses, en pentes raides ; de vieilles demeures vénérables, rappelant l'occupation vénitienne, sont perdues dans un ensemble de maisons plutôt misérables et délabrées, à l'instar de tant de villes d'Orient.

Nos religieux y ont fondé deux écoles, dont l'une est la plus ancienne école française de l'Archipel, et remonte au XVIIᵉ siècle. Elle est dirigée par les Ursulines du Sacré-Cœur, — le même ordre qu'à Lutra de Tinos — et l'on y retrouve la même note excellente de discipline et de tenue distinguée. La clientèle, ici aussi, est riche. Il est de bon ton dans un milieu aristocratique d'avoir été élevé soit à Tinos, soit à Naxos, où l'on recherche cette bonne éducation, qui est l'apanage de nos établissements religieux d'enseignement.

La seconde école est l'école commerciale Sainte-Croix, dirigée par les P. P. Salésiens, que la mobilisation a réduits au nombre de quatre, et dont le supérieur, le P. Laurent, est agent consulaire de France. A ce titre, il reçut, dès le matin, la visite du commandant du *Bengali* et la mienne.

Quoique inattendue, notre arrivée fut largement fêtée chez les sœurs. C'était un dimanche. A 14 heures, nous fûmes reçus à la porte du monastère par les élèves, parées des rubans de béret qui leur avaient été donnés par le *Bengali*, lors d'une mission antérieure, et accompagnés à la chapelle pour le salut du Saint-Sacrement. Comme pour des princes, deux places spéciales, avec des coussins en riche et vieille tapisserie, nous étaient réservées dans le chœur, devant l'autel. Les chants furent particulièrement soignés. Puis, après une courte réception dans la salle de communauté du monastère, eut lieu une petite séance récréative improvisée, qui procura le plaisir d'entendre les élèves réciter ou chanter dans un français très pur. Au chœur final d'une élégie composée au monastère, on nous chanta :

> Echos, pour acclamer la France,
> Son drapeau, ses vaillants soldats,
> Prêtez-nous vos chants d'espérance
> Et répétez : Vivat ! Vivat ! ..

Une allocution s'imposait... On me mettait à l'honneur, je devais être à la peine ! Mais, je n'étais

plus un novice, après tant de compliments entendus
et de jolis bouquets reçus des mains de gracieuses
jeunes hellènes ; et il était aisé de remercier, de
féliciter, comme de célébrer les mérites unis de la
France et de la Grèce, alliées dans une même croi-
sade pour la civilisation.

Un trait charmant : Nos bonnes religieuses, si
ardemment patriotes, ne cessent de faire prier leurs
élèves pour la France et pour obtenir la fin de l'horrible guerre, mais une fin glorieuse. Une de leurs
toutes petites, de moins de sept ans, acceptée parce
que sœur d'une plus grande, fut trouvée récemment
dans la chapelle, devant l'autel, les bras en croix.
La mère Prieure crut tout d'abord à une gaminerie
et lui demanda ce qu'elle faisait là ? « Vous nous
avez dit de bien prier pour les soldats, je fais comme
vous. » — « Ah ! C'est très bien. Mais savez-vous
ce que vous faites en étendant ainsi les bras ? »
— « Oui, ma mère. C'est pour souffrir comme le
bon Jésus. »

L'école commerciale est prospère, mais la pénurie
des professeurs l'avait contrainte à diminuer le nombre de ses élèves et à en refuser.

Les grands jeunes gens qui y sont instruits m'ont
fait la même bonne impression de tenue et d'intell-
ligence éveillée que les élèves des frères de Syra.
Les maîtres sont partout des apôtres généreux et
désintéressés de la propagande française et savent
faire aimer et admirer notre Patrie.

Un compliment nous fut adressé, suivi de chants
en notre honneur.

Je remerciai dans une dernière allocution. Il était
d'ailleurs aisé, dans un milieu viril et si préparé

à entendre ces choses, de célébrer l'œuvre civilisatrice et charitable de la France, d'émotionner par
l'image évoquée de ses souffrances présentes, et d'en-
thousiasmer à l'idée de l'héroïsme et de la vaillance
de ses soldats.

Dans un pays où Catholique et Français évoquent
une synonymie, il était indiqué de ne pas omettre
d'aller saluer l'archevêque de Naxos (1). Ce prélat,
ancien curé de la cathédrale d'Athènes, est fort cultivé, mais il ne passait pas pour avoir à l'égard de
la France la même ardeur de sentiments que son
suffragant de Syra. Il nous a fort bien accueillis et
s'est délicatement défendu d'avoir des sympathies
pour l'Allemagne, au contraire. Il a déclaré que les
Allemands avaient beaucoup travaillé contre la
France dans la Grèce insulaire, mais que, peu à peu,
à la lumière des faits, et par la lecture de nos livres,
la vérité se faisait jour. Il a été en France, et nous
a paru connaître très bien le mouvement actuel des
esprits. Il ne peut certainement pas être un ennemi
réel de notre influence.

Dès le soir, il nous fallait déjà quitter Naxos.
L'agent consulaire, supérieur de Sainte-Croix, nous
accompagna jusqu'au port, au sortir duquel, mas-
sés sur le petit môle, les grands jeunes gens pous-
sèrent des acclamations et entonnèrent la « Marseillaise ».

Aux dernières mesures, le *Bengali* s'enfonçait
dans la nuit qui tombait presque subitement, et il
mettait le cap vers l'Eubée pour remonter à Salonique.

_____

(1) S. G. Mgr Brindisi.

CHAPITRE X

Le 14 Juillet 1918 à Salonique.

Le général en chef des armées alliées (1) a voulu que la fête nationale française fût célébrée avec quelque éclat, cette année, à Salonique. Je me rappelle l'an 1917, où le quartier général n'avait même pas de pavillon arboré, dans un pays qui aime cependant faire flotter l'étamine au vent ! Cela avait été une erreur incontestable, la preuve, peut-être, d'un dédain par trop grand des choses et de la mentalité des gens en Orient. Paraître est toujours important ; mais, quand on a fait l'effort que nous avons réalisé ici, n'en rien manifester est un grand tort.

Le roi de Grèce étant annoncé, il convenait, à l'occasion de notre fête nationale sur cette terre étrangère, de marquer le rôle prépondérant de la France dans la guerre actuelle.

_____

(1) Général Franchet d'Espèrey, qui avait succédé, en juin, au Général Guillaumat.

Nous aurons donc une revue militaire, une messe consulaire solennelle, suivie d'une réception au quartier général. Des distractions musicales et sportives marqueront aussi la fête pour les troupes et pour la population. Pour nos hommes, qui sont sevrés de distractions, qui ont peut-être à l'heure actuelle, des craintes pour leurs parents, exposés comme leurs biens aux violences et aux coups de l'ennemi, les délassements en un jour de fête nationale sont des éléments qui soutiennent le moral. Les guinguettes foisonnent malheureusement en ville et aux abords des cantonnements ; il ne faut pas que marins et soldats ne songent qu'à aller boire du « raki », du « mastic » et du « Samos ».

Le 13 juillet au soir, comme en France, la retraite aux flambeaux fut très réussie ; les lanternes vénitiennes faites par nos soldats annamites ont été spécialement remarquées. Les bâtiments sur rade et les postes anti-avions éclairaient de leurs projecteurs diverses parties de la ville, tandis que l'on brûlait, à bord, des feux « Coston » (c'est-à-dire, en fait, des flammes de bengale). Nos belles marches militaires, scandées par les tambours et clairons, ont retenti dans les différents quartiers parcourus. Il y a eu aubade devant le roi de Grèce, le général en chef, le gouvernement grec, le maire, etc. Tout cela a ranimé, dans la population, un sentiment de sympathie pour nous, et l'empressement à suivre notre musique et le cortège a été général. Je m'illusionne peut-être, mais il me semble que la manifestation populaire n'aurait pas été aussi vive ni aussi chaude pour aucun de nos alliés.

Le roi de Grèce est venu assister à la revue. En

son honneur, un bataillon d'infanterie hellénique avait été mis en tête des troupes. Ces soldats ressemblaient, d'ailleurs, aux nôtres, car leur équipement est presque identique à celui de l'armée française d'Orient, et, comme l'instruction est faite sous la direction de nos officiers et avec nos méthodes, l'allure d'une troupe grecque en marche est très semblable à celle des Français.

Infanterie, cavalerie, artillerie étaient alignées le long du boulevard de la Défense Nationale, où des tribunes avaient été dressées. Le spectacle militaire ne le céda en rien à celui que nous connaissons en France ; mais l'heure, les circonstances et le lieu lui imprimaient un caractère spécial ; ces soldats s'étaient battus la veille, ils devaient se battre le lendemain, donnant sans cesse l'exemple du mérite et des vertus militaires aux armées alliées, leurs associées dans la lutte balkanique. N'étaient-ils pas dignes d'applaudissements et d'un hommage ému ? Et, fait qui nous fut particulièrement agréable, notre compagnie de marins, piquée au jeu, et poussée par un excellent sentiment de fierté et une noble émulation, mérita incontestablement le prix de bonne tenue et de belle allure au défilé. Ce dont nos matelots sont capables en certaines circonstances est extraordinaire ! Leur vie dans la division d'Orient n'était pas pour entraîner à la parade et au défilé : et cependant, à ce 14 Juillet, devant toutes les armées et les spectateurs étrangers, ils y recueillaient la palme pour l'honneur de leur populaire « col bleu ».

La messe consulaire qui suivit la revue fut fort belle et solennelle.

En souvenir du rôle historique de la France en Orient comme protectrice de la chrétienté, l'Eglise catholique a concédé à son représentant des honneurs liturgiques prévus pour les Souverains. La rupture diplomatique avec Rome et la dénonciation du « Concordat » par le Gouvernement français, n'ont pas empêché le Vatican de maintenir un privilège, vu jalousement par nos rivaux et qui, aux yeux des Orientaux, confère une sorte de primauté à notre nation, en consacrant sa mission protectrice de tout ce qui est catholique, souvent même de tout ce qui est seulement chrétien. Aussi, dans l'église catholique de Salonique, y a-t-il, au premier rang, une stalle avec deux fauteuils réservés au consul de France. La présence du général Franchet d'Esperey nécessita l'installation devant cette stalle d'une petite estrade et d'un fauteuil marquant, pour le général en chef français des armées alliées, une sorte de prééminence. Derrière lui, aux places habituelles, prirent rang, le consul et l'amiral.

A son arrivée à l'église, le général fut salué par notre musique de la vibrante sonnerie « Aux Champs » et de la « Marseillaise », dont les accents firent aussitôt découvrir tous les curieux non musulmans (1) accourus aux abords de la paroisse, rue Franque. Au seuil de l'église, décorée de pavillons français, le clergé reçut le général pour lui offrir l'eau bénite et le conduire processionnellement à la place d'honneur. Au cours de la messe, qui fut solennisée par de beaux chants, et toujours en vertu

---

(1) Les musulmans restent la tête toujours couverte du fez : c'est une pratique rituelle.

d'un privilège liturgique, le général, puis le consul
et l'amiral reçoivent l'hommage symbolique d'être
encensés les premiers par l'officiant. La venue du
général en chef avait attiré une affluence considérable et tous les généraux et officiers supérieurs que
le service n'avait pas obligatoirement retenus,
étaient placés aux premiers rangs, ainsi que les
représentants consulaires et militaires des puissances alliées ou amies.

La réception qui termina la matinée et commença
l'après-midi, tant au quartier général qu'au consulat,
fut l'occasion de nouvelles démonstrations de sympathie pour la France.

Dès treize heures, malgré la grosse chaleur de
juillet, commença une fête avec jeux et spectacles :
les officiers et les marins de chaque nation (1)
avaient été invités à bord du *Bruix* pour y prendre part. Nombreux aussi étaient les invités de l'armée de terre ; et, pour ce jour de fête nationale,
l'amiral, qui reçoit toujours généreusement, avait
fait faire un goûter de Lucullus. Les jeux habituels
du baquet, de la poêle, des œufs, la course en sacs,
la course aux canards et... au cochon, enfin le mât
de cocagne nautique, constitué par un tangon
incliné et bien graissé, obligeant les plus intrépides
à de nombreux bains, toutes ces bonnes vieilles
réjouissances françaises, amusèrent follement équi-
pages et invités.

Pour la fin de l'après-midi, il y avait sur le pont
une partie théâtrale et un petit concert avec le

---

(1) Anglais, Italiens et Grecs.

concours de professionnels renommés de l'Armée
d'Orient. Mon semi rôle de « manager » avait été
très facilité par les aimables relations qui m'avaient
indiqué les meilleures pistes d'artistes. J'avais surtout eu soin que le chant ne tombât point dans le
déplorable genre du café concert. Le goût et la
finesse ne nécessitent pas le trivial, ni le grossier,
et le programme parut très apprécié sans que l'auditoire ait semblé le moins du monde privé de certaines grivoiseries douteuses trop habituellement
entendues.

Une distribution de prix couronna la fête pour
récompenser les vainqueurs dans les jeux et remercier les artistes. Quelques jours auparavant, l'amiral
avait dû faire confisquer, pour trafic clandestin et
fraude, un lot de magnifiques montres suisses récla-
mes et de bracelets de montres plaqués or et argent,
qui firent, à peu de frais, beaucoup d'heureux.
Outre les Français et les Anglais, quelques marins
grecs et italiens, généralement très pauvres, ont
ainsi reçu un « bijou », dont ils n'avaient peut-être
pas osé rêver la possession : ils n'auront garde, je
pense, d'oublier la fête nationale française de 1918.

Après toute une journée si bien remplie, la fête
n'était cependant pas encore finie pour moi ! Il
restait... la nuit, pour laquelle m'échut une « cor-
vée » inattendue. Mais, c'était pour la propagande
française, et je l'ai prise de très bon cœur. Une
réception au quartier général avec le roi empêchait
l'amiral de répondre à l'invitation acceptée de présider une soirée donnée par l'Association des Anciens
élèves de la Mission laïque française (soit, comme
l'on dit plus simplement ici, du lycée français). Il

me délégua pour le représenter. Après la visite des
établissements religieux de l'Archipel, une fête à
la Mission laïque de Salonique rentrait dans le même
ordre d'idées.

Le lycée de Salonique est prospère et a une bonne
réputation dans une ville où les israélites dominent
et constituent l'élite de la population laborieuse et
cultivée. Les anciens élèves, — dont les neuf dixièmes sont effectivement israélites, — avaient un
cercle fort bien organisé, foyer de pensée française
et de propagande que l'incendie de 1917 réduisit
en cendres. Maintenant, une grande baraque
Adrian, fort ingénieusement aménagée, a dû rem-
placer provisoirement l'immeuble détruit. C'est là
que fut donnée la soirée, à la date choisie du 14 juillet.

Les anciens élèves, et leurs familles venues nombreuses, m'ont fait une excellente impression. La
tenue, l'éducation, les danses, les chants, la musique, tout fut vraiment et exclusivement français.
Le commandant du *Bruix*, dont le bâtiment a
été adopté comme filleul par le lycée, m'accompagnait et a partagé entièrement mon impression.

Il est infiniment honorable pour nous, sur une
terre étrangère, dans un milieu de mœurs,
d'idées, d'aspirations, en somme, très éloignées de
nous, de pouvoir offrir le spectacle d'un fort
groupement, qui se distrait, parle et pense en français. Ici, et d'ailleurs dans tout l'Orient, une œuvre
française seule peut présenter ce résultat. Quelque
prestige s'attache toujours dans ces régions au nom
de la France et à tout ce qui est français, en dépit
de lourdes erreurs de notre part et de vigoureuses

campagnes faites contre nous par des adversaires, rivaux ou envieux. C'est que nous savons donner mieux que de l'or ou des marchandises ; nous donnons toujours un peu de notre cœur et nous le faisons avec désintéressement.

Le 15 juillet était très largement commencé quand j'ai dû — naturellement — obéir à la tradition et faire un discours improvisé, par la force des choses. J'ai essayé d'être dans la note convenable pour le milieu et j'espère que les applaudissements de mon auditoire prouvaient qu'il n'était pas insensible à certaines pensées.

Le capitaine de vaisseau Delage, alors qu'il commandait le *Bruix*, avait présidé la première réunion solennelle de l'Association des Anciens élèves du Lycée. Je l'avais assez bien connu et il me souvient même d'être allé le voir dans son réduit — une cave — à Nieuport, à l'époque où il commandait, avec une bravoure légendaire, le 1er régiment de fusiliers marins. A Dixmude et en Belgique, les Boches n'avaient pu l'atteindre en face : il est mort, frappé dans le dos, sur son *Danton* torpillé. Je ne pouvais manquer d'évoquer sa glorieuse figure et de lui rendre un hommage posthume ému...

Le 14 juillet 1918 été célébré avec succès ailleurs qu'à Salonique. L'amiral avait eu soin d'envoyer de petites unités relâcher un peu partout, pour y solenniser le jour de la fête nationale française. A Thasos, à Mytilène, au Mont Athos, à Skopelo (dans les Sporades), il y eut fête. A Volo, ce fut magnifiquement réussi. Le curé — définitivement converti — s'est employé avec un zèle remarqué, à donner à la messe consulaire, restaurée pour la circonstance,

une solennité inaccoutumée. Aussi, fut-il parmi les
notables invités à la réception que put offrir le
commandant de la *Carabine*. Il tint à écrire à
l'amiral un mot très chaud, tout de circonstance,
ce qui m'a rappelé ma conversation du mois de mai
avec lui. Or, le curieux de l'affaire est que le consul,
mal éclairé, considérait ce prêtre comme un adver-
saire de notre influence et s'employait à le faire
déplacer !

Pour ma part, c'est une joie patriotique très douce à mon cœur d'avoir peut-être contribué, même
dans cette modique sphère et cette bien faible mesure, à redresser des idées erronées à notre endroit et
à faire mieux comprendre et mieux aimer la France.

CHAPITRE XI

I

Races et groupements ethniques en Macédoine.

Sur « ce vieux sol de Macédoine, où les grands peuples du passé ont laissé leur poussière », suivant l'expression de Pierre Loti, vivent maintenant des colonies de toutes les races orientales.

On y rencontre des Grecs, des Serbes, des Yougo-Slaves, des Albanais, des Bulgares, des Roumains, des Turcs, des Juifs, voire des Arméniens, échantillons de toutes les peuplades sur lesquelles a régné — ou règne encore — la domination des Osmanlis. On comprend que le mot « Macédoine », dans son sens figuré, veuille dire mélange ! Dans ces conditions, est-il permis d'attribuer une nationalité dominante aux habitants ? La Macédoine est-elle grecque, turque, serbe, bulgare ? Cela varie avec la région, avec les villages. Mais, il me semble plus vrai de ne la rattacher à aucun état spécial, car cette vaste et fertile région du proche Orient peut se contenter d'être... la Macédoine et d'être peuplée de Macédoniens. Ces

Macédoniens sont peut-être d'origines bien diverses ; ils se répartissent en nombreuses tribus, se mélangeant peu ou point entre elles et appartenant à des religions ou à des rites différents. Mais, dans les groupes chrétiens, qui paraissent dominer beaucoup numériquement le groupe musulman et le groupe israélite, il y a certainement un type macédonien. Ce type se retrouve même dans les colonies juives ou islamisantes. Il est différent du type grec, du type slave, du type bulgare et de ce type levantin, mélange d'asiatique et d'européen, qui est propre aux populations méditerranéennes de l'Orient.

Le — et la — « Makedone » (1) sont de rudes paysans, parmi lesquels beaucoup de montagnards, dont le type me paraîtrait, en général, plutôt bulgare, car ils ressemblent aux nombreux prisonniers bulgares travaillant dans les services de l'armée d'Orient. Ces Macédoniens ne sont pas marins, ne sont pas pêcheurs, ne sont pas spécialement commerçants ; ce sont des agriculteurs et des artisans campagnards, à la vie plus laborieuse et plus familiale et patriarcale que celle des populations purement helléniques.

Les Macédoniens sont une race intéressante, comme la terre qu'ils habitent. Qu'un minimum de gouvernement digne de ce nom donne seulement le bienfait de la sécurité aux gens et au pays, et la grande province prendrait un rapide essor de prospérité, la vie renaîtrait dans bien des solitudes désolées.

_____

(1) C'est le nom que se donnent souvent les gens de la campagne à qui l'on demande ce qu'ils sont.

Cette sécurité a-t-elle jamais existé ? Pouvait-elle même exister pour les populations chrétiennes de l'empire-turc, asservies au Croissant, vainqueur et dominateur ?

Le « croyant » est le maître ; le « raya » est un vaincu, réduit sinon en esclavage, du moins en servage, et dont on tolère seulement l'existence. Ses biens, comme sa personne, ne méritent aucune garantie ; et ces « chiens » de chrétiens ne sont pas à respecter. Pendant des siècles, le Turc a opprimé les pauvres « rayas » soumis durement à la force et, réellement, peut-on dire, attachés à la glèbe à perpétuelle demeure. Infailliblement, cet état séculaire devait engendrer chez tous les « rayas » une mentalité, faite de servilité et de timidité devant l'autorité, et de haine imprescriptible contre les adeptes du prophète d'Allah. La ruse et la dissimulation des peuplades balkaniques tiennent, peut-être, à la nécessité pour les faibles de recourir à ces armes contre l'omnipotence et l'arbitraire du pouvoir, et elles peuvent avoir l'excuse de la légitime défense contre l'abus de la force. Jusqu'aux temps contemporains, le « raya » était exclu du service militaire et ne pouvait exercer aucun emploi public important. Cela explique pourquoi les peuples de Macédoine sont presque exclusivement paysans ; à peine y trouve-t-on des classes sociales, dont la formation est récente et l'aristocratie mal assise. Aussi, malgré leur antiquité, ont-ils un caractère, en quelque sorte, de primitifs. Incertains du lendemain, ils ne voient que leur intérêt immédiat, auquel ils sacrifient, dans un calcul simpliste, avec une ardeur brutale et parfois une fourberie cynique. Perpétuellement opprimés et dépouillés par les Pachas et leurs agents, ils étaient implacablement ennemis du Turc mahométan ; et leur ardente espérance d'une libération toujours attendue, leur a inspiré un patriotisme farouche. Dans ce pays déconcertant pour nos cerveaux et nos idées d'Occidentaux, où, plus qu'ailleurs, les apparences sont souvent des mirages trompeurs et décevants, la foi religieuse des habitants n'est pas faite d'amour. Elle est, au contraire, faite de haine.

Ces chrétiens sont d'une ignorance à peu près absolue des vérités chrétiennes et ils ont peu de souci de pratiques qui disciplinent l'esprit, purifient le cœur, élèvent l'âme et la sanctifient. Par habitude et tradition, ils sont attachés à l'accomplissement matériel de rites, entremêlés de multiples superstitions ; ils haïssent essentiellement le mahométan, non à cause de sa religion, mais parce que celui-ci est un despote qui leur dénie la justice, qui les dépouille de leurs biens par de continuelles exactions, qui les maltraite et les massacre au besoin et qui est ainsi l'ennemi de leur race.

Le musulman, lui, hait réellement le chrétien, à un point de vue religieux. Sa religion lui enseigne de mépriser l'infidèle, le non croyant ; et le *Djihad*, la Guerre Sainte, lui permet de gagner le paradis en tuant ces mécréants. C'est un acte pieux. Il y a un abîme infranchissable entre l'islamisme et le christianisme ; le premier peut être conquérant et régner par la force, il ne saurait être civilisateur ni gouverner les peuples chrétiens rangés sous sa domination. Il en est même, pourrais-je dire, philosophiquement et rationnellement incapable : comment « le croyant » pourrait-il faire prospérer ou

croître des populations infidèles rebelles à sa foi, qui
se refusent à suivre la loi sacro-sainte du prophète
et que l'on devrait, au contraire, exterminer pour la
gloire d'Allah ?

Ces raisons, semble-t-il, commandent nécessaire-
ment de ne pas laisser les populations chrétiennes
sous le joug du Croissant. L'Ottoman chrétien ne
saura jamais être, au fond, qu'un paria dans son
pays, si celui-ci demeure la terre du Padischah et
du Commandeur des croyants. Car c'est plus qu'une
anomalie, c'est un contre-sens mortel pour la Turquie, d'admettre des sujets chrétiens absolument
égaux aux sujets musulmans. Sans renier ses principes fondamentaux, et, par suite, se vouer à l'écroule-
ment, l'état théocratique turc ne peut être qu'une
communauté de croyants, rangée sous la supréma-
tie spirituelle autant que temporelle du Grand Sei-
gneur, et dans laquelle les infidèles ne peuvent
avoir ni places ni droits égaux. Le « raya », être
inférieur pour tout bon croyant, n'est que supporté,
et ne pourra réellement devenir un citoyen libre dans
sa patrie qu'avec la fin du pur régime islamique.
Mais, peut-on concevoir une Turquie, où l'Islam ne
serait pas souverain ? Et l'Etat musulman par excellence mettant sur un pied d'égalité ces deux antithè-
ses : christianisme et mahométisme ? Cette quadra-
ture du cercle ne peut être qu'une hypothèse, sans
réalisation possible ni durable.

*
* *

A Salonique, les Juifs dominent dans la population et sont très agités par l'idée sioniste. Ils ne se

considèrent pas comme Grecs, bien entendu, pas
plus qu'ils ne se considéraient comme Turcs, c'est-
à-dire comme Ottomans, il y a cinq ans... Ils le
disent à qui veut l'entendre. Ils sont israélites, et
n'ont pas d'autre nationalité. Beaucoup sont inscrits
à un Consulat européen et, de ce fait, sont sujets
Français, Anglais, Hollandais, Italiens, Espagnols,
Portugais, etc... quelques-uns sont même Américains.

Cela n'a aucune importance à leurs yeux, car une
simple considération d'intérêt, à un moment donné,
a dicté cet enregistrement, qui leur confère une nationalité de forme. Une même famille a des membres Français, d'autres Anglais, d'autres Italiens,
etc., etc... Et je ne parle pas de ceux qui étaient
Allemands et Autrichiens et qui ont — mettons,
par prudence, — vivement et récemment changé de
Consulat, pour être Hollandais, par exemple. Mais
la bonne et solide neutralité espagnole attire beaucoup une population qui a une sainte horreur du
métier des armes, et une crainte effroyable, — et,
peut-être explicable — d'un enrôlement dans l'armée hellénique. D'ailleurs, les Juifs de Salonique
sont des émigrés provenant d'Espagne, il y a 400 ans,
fuyant la persécution qui les frappait alors dans la
péninsule ibérique. Ils en ont conservé la langue et
ne parlent guère entre eux que le judéo-espagnol,
un castillan mêlé de mots ou d'infiltrations hébraïques.

Leur communauté comprend l'élite commerçante
— l'élite tout court — de la ville. On peut ren-
contrer ici des patriarches à l'aspect vénérable, représentants d'un autre âge, plongés dans les études

talmudiques, dont ils sont des interprètes autorisés et honorés ; et le rôle, en quelque sorte, de souverain d'une caste ou d'une tribu, que jouent les patriarches ecclésiastiques dans les religions chrétiennes d'Orient, est exercé, pour les Juifs, par le grand Rabbin, dont le pouvoir est très respecté. C'est un personnage d'autorité et d'influence considérables.

Au mois d'avril 1917, il y a eu un congrès sioniste. Et depuis, au nom du principe des nationalités, — principe bien dangereux à faire prévaloir dans une Macédoine où la diversité ethnique des populations est extrême — ils réclament sans cesse, dans leur presse, une Palestine juive. Ils veulent ériger une grande université au sommet du mont des Oliviers, où le terrain est même acheté. Ils ont déjà des universités hébraïques à Jaffa et à Jérusalem, où l'hébreu est la seule langue officielle.

Pendant ce temps, les bons évêques grecs de la région — tous vénizélistes naturellement, puisque, en Macédoine, le pouvoir était vénizéliste — tenaient un petit concile pour constituer une sous-religion grecque vénizéliste, dans laquelle Constantin n'eût plus été chef de la religion. Mais, avec cela, l'orthodoxie, déjà divisée en autant d'églises que de nationalités et d'états, aurait-elle eu le lendemain, plus que la veille, le caractère d'unité de l'église catholique ?

*
* *

Il y a relativement peu de mahométans à Salonique ; mais on y rencontre fréquemment de jeunes musulmanes que leurs attaches fines font distinguer des fortes filles macédoniennes, et dont les voiles

sont plus ou moins transparents ; on vous dira que
ce sont des « deunmehs ». Que veut dire « deunmeh » ? C'est un mot turc, qui signifie converti.
Les deunmehs constituent un groupement à mœurs
musulmanes, des plus nombreux, formé de disciples
d'un juif fameux qui vivait au xvii⁰ siècle et qui,
lors d'une explosion de fanatisme mahométan, prit
le turban pour sauver sa vie et se convertit à l'Islam.

Ce fondateur de la secte « deunmeh », s'appelait
« Sabétaï », d'où le nom de « Sabétaïste », qui dési-
gne aussi les deunmehs. Or, Sabétaï, d'origine judéo-
espagnole, quoique né en pays ottoman, aurait été
un israélite versé dans l'étude du Talmud et adepte
des idées cabalistiques. Il avait acquis une renommée extraordinaire, tant à Constantinople qu'à Salonique, où il se fixa, y ayant de très nombreux par-
tisans ,séduits par sa science et l'ascétisme de sa vie,
et qui le considéraient comme un envoyé de Dieu.

Les familles deunmehs sont généralement riches,
plus cultivées que les autres, d'une civilisation en
quelque sorte plus européenne ; et elles passent aussi
pour être plus francophiles que d'autres. Extérieu-
rement et d'apparence, les deunmehs sont complètement musulmans. Les hommes portent le fez, les
femmes sont vêtues à la turque ; ils vont à la mosquée ; quelques-uns font même le pèlerinage de la
Mecque, comme les plus purs mahométans. Ils forment néanmoins une secte fermée et comme une
sorte de société secrète, qui est une des particularités de Salonique. J'ai eu beaucoup de peine à édi-
fier — partiellement — ma curiosité à leur endroit.

Malgré les apparences mahométanes, on peut se
demander s'ils ne sont pas plutôt une sorte de tribu

juive hérétique. Ainsi, j'ai su qu'ils ont entre eux un nom biblique, distinct du nom musulman, par lequel ils sont connus dans le monde.

Ils ont des mosquées spéciales, où les cérémonies sont dirigées par un des leurs, qui est, en somme, un rabbin.

On sait que leurs mariages, publiquement célébrés selon le rite musulman, sont également célébrés très secrètement selon les rites judaïques. A leurs décès, il y a aussi des rites accomplis en secret, et dont aucun étranger à leur secte ne saurait être témoin. Les lieux mêmes où s'accomplissent ces rites secrets sont rigoureusement cachés aux profanes.

Le caissier de la Société du port de Salonique, homme très versé dans les questions de races et de religions en Macédoine, qui parle toutes les langues et patois locaux, m'a déclaré avoir cherché vainement à pénétrer le mystère des lieux de réunion, des temples et des cérémonies secrètes des deunmehs. Il n'a jamais pu apprendre autre chose que le fait de leur existence.

Les deunmehs se divisent en trois tribus descendant des premiers disciples de Sabétaï, et qui forment trois clans presque hostiles, dont les familles ne se mélangent pas, car les mariages ont lieu exclusivement entre membres de la même secte. Mais, les trois clans forment un bloc solide, impénétrable. Les deunmehs habitent surtout quelques quartiers et se groupent ensemble ; et, certaines de leurs maisons, dit-on, communiquent entre elles par passages fermés ou souterrains. Il paraît aussi que les croyances et la foi sabétaïstes sont actuellement réduites à des pratiques d'affiliés de sociétés secrètes.

Ils seraient à peine déistes ; quelques-uns professent
même l'athéisme, et beaucoup ont adhéré à la franc-
maçonnerie.

Tout ce chapitre des mystérieux deunmehs, n'est-
il pas vrai, est bien un élément intéressant parmi
tant de curiosités réservées à notre attention dans
cette cité de Salonique, la « ville convoitée », à l'histoire si dramatique et si tourmentée... ?

*
* *

II.

Pratiques et superstitions des chrétiens de Macédoine.

Si saint Paul revenait haranguer les Thessaloni-
ciens et autres habitants de la Macédoine, auxquels
il fit entendre sa chaude parole apostolique, il retrou-
verait peut-être quelques quartiers de son époque.
De bien vieilles pierres ont sans doute été témoins,
ici, à Salonique, de bien grandes et vieilles choses.
Si des générations ont passé, les habitants d'aujour-
d'hui peuvent avoir gardé les caractères de ceux
d'alors et les coutumes primitives ont pu survivre
aux invasions, aux calamités et à tous les événements
tragiques d'une histoire infortunée.

Dans cette Macédoine où les populations chrétiennes dominent, elles relèvent, presque en totalité, de
l'église orthodoxe schismatique, soit grecque, soit

bulgare, leur église définissant leur nationalité. Elles
y sont passionnément attachées ; mais, cet attachement est bien plus l'effet politique du patriotisme
qu'un acte de croyance et d'adhésion éclairée à une
foi définie. L'ignorance religieuse est d'ailleurs sur-

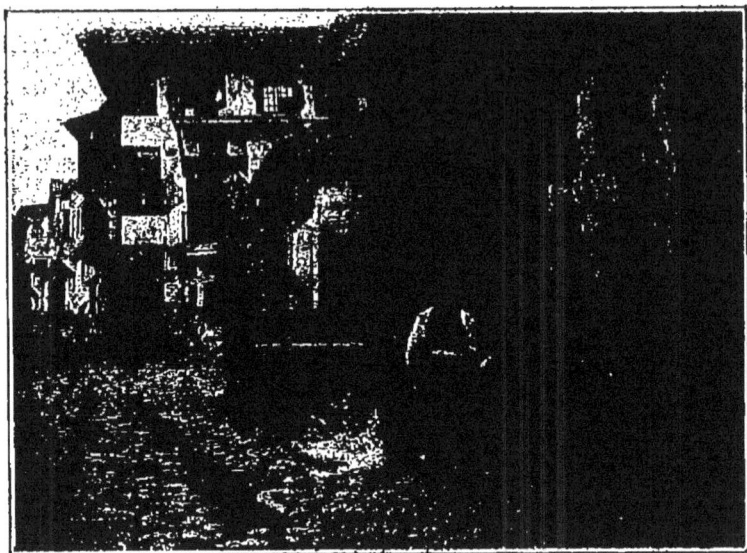

Une rue de la basse ville à Salonique (côté Ouest).

prenante, même dans le clergé, qui paraît se soucier
fort peu de l'étude et de l'enseignement. Ces populations malheureuses ont cependant besoin de spiri-
tualité ; elles ne sont point matérialistes et ont un
tempérament religieux. Mais sans aucune direction
morale, leur foi ignorante tombe dans une superstition souvent grossière. Et rien n'est curieux comme
de connaître l'étrange série de pratiques, soi-disant
religieuses, qui remplissent la vie des Macédoniens,

qui les prennent au berceau et se poursuivent encore
après leur mort. J'en puis citer quelques exemples,
d'après les faits dont j'ai été témoin, et surtout
d'après les explications qui m'ont été données par
des Lazaristes ayant vécu de longues années en Macédoine.

La terreur des maléfices, du mauvais sort, domine tout, et le « mauvais œil » est l'objet d'une crainte
superstitieuse étonnamment répandue. Presque tout
le peuple y croit fermement. Aussi, ne prend-on jamais trop de précautions pour le conjurer et s'en
défendre !

Un petit macédonien est à peine né qu'il faut toute la science de la sage-femme — que l'on appelle
la « vieille » — pour défendre la mère et le bébé
contre tous les dangers de ce « mauvais œil ». L'eau
bénite voisine avec des herbes, des parfums, des fu-
migations, des pratiques étranges ou ridicules. Il
faut, par exemple, que les souliers de la mère restent cachés sous l'oreiller jusqu'au baptême, afin de
remédier aux surprises des envieux qui voudraient
lui nuire !

Les actes purement rituels du baptême sont entou-
rés de quantité d'autres actes plus ou moins bizarres : c'est ainsi que la mère expose pendant la cérémonie les langes de son enfant, ce qu'elle n'aurait pu faire avant, par crainte du « mauvais œil » !
Si c'est un garçon, la mère, dès le départ du bébé
pour l'église, compte de l'argent pour que son fils
devienne un habile homme d'affaires. Quand l'enfant a été baptisé, la marraine a le privilège de lui
faire prendre son premier bain et de l'oindre d'huile.
En outre, elle laissera tomber quelque argent dans

l'eau pour lui porter bonheur dans ses affaires. Dans
la bassine où l'on baigne l'enfant, on met trois noix
pour assurer sa croissance, un morceau de fer pour
assurer sa vigueur, et quelques pièces d'argent, naturellement ! Et il en sera ainsi pendant 40 jours, jusqu'aux relevailles.

La fête des relevailles est toujours obser-
vée ; c'est le jour où le pope introduit la mère
et l'enfant dans le lieu saint. Et s'il s'agit d'un garçon, il conduit celui-ci derrière l'iconostase pour
lui faire baiser l'autel. Puis (pour éviter des maléfices, toujours), on va chez la marraine : celle-ci
frotte le visage de son filleul avec de la farine en
vue de lui obtenir un beau teint blanc, et elle verse
un peu d'eau sur les bottines de la mère... pour lui
faire obtenir beaucoup de lait ! Naturellement, en
tout cela, afin d'éviter le redoutable « mauvais œil »,
il y a des précautions à prendre !

L'occasion m'a été donnée d'assister à une cérémonie de fiançailles, et à un grand mariage : le pope
et les invités se rendent dans la maison de la jeune
fille, où l'on a disposé sur une table : du raki, des
dragées et des pièces de monnaie, le tout recouvert
d'un voile de gaze ; les cadeaux offerts par le futur
sont exposés sur d'autres meubles. Alors, a lieu une
cérémonie religieuse, au cours de laquelle les fian-
cés échangent des anneaux, pacte créant un lien,
qui ne peut plus être rompu sans déshonneur. Le
pope mélange un peu de raki aux dragées, et en
offre à l'assistance, en suite de quoi on prend des
rafraîchissements et des gâteaux.

Lors des mariages, au moment de l'entrée à l'église, la mère de la future étend par terre sa ceinture

et jette sur le cortège des grains d'orge et de millet,
pour attirer des bénédictions sur le ménage. Pour
combattre l'influence des maléfices, elle aura soin de
répandre un peu de cendre : les maléfices, le « mauvais œil », c'est la terreur constante du peuple !

La cérémonie religieuse du mariage est intéressante et d'un joli symbolisme. Le prêtre, en récitant
des prières liturgiques, impose alternativement des
couronnes sur la tête des époux, tandis qu'un voile
est tendu au-dessus d'eux. Puis, l'officiant fait boire
les jeunes mariés à un même verre, et leur fait faire
ensemble trois fois le tour de l'autel (ou de la table
qui le remplace pour les mariages riches célébrés à
la maison). Pendant ce temps, la famille jette sur
le groupe des dragées en signe d'abondance et de
prospérité. En fin de cérémonie, les assistants baisent les couronnes nuptiales et offrent leurs souhaits
et leurs compliments aux nouveaux époux. A la sortie de l'église, le cortège est conduit chez la mariée,
et la jeune femme va rendre hommage à son beau-
père, au chef de famille, dont elle baise la main, les
genoux et le bord du vêtement.

Les heures et les jours qui suivent le mariage sont
remplis par une série d'actes, de pratiques, d'usages
auxquels un esprit de tradition, empreint aussi parfois de superstition, donne plus ou moins d'importance, selon les familles ou les localités. Comme les
garçons et les yeux noirs sont les éléments les plus
enviés de la postérité souhaitée par les époux, il y a
de nombreux actes qui doivent les assurer ; ainsi,
la jeune femme arrivée chez elle doit-elle regarder
dans la cheminée, ce qui vaudra de beaux yeux noirs
au bébé, et prendre sur ses genoux et combler

de gâteries un petit garçon, ce qui lui permettra d'avoir un premier enfant mâle.

Plus encore que les événements joyeux dans les familles — baptêmes et mariages — le grand mystère de la mort et de l'autre vie est la source, chez les chrétiens de Macédoine, de croyances étranges et de pratiques à base de superstition.

Pour ces populations orientales, à l'imagination vive et à l'âme impressionnable, il y a, à tout moment, des « signes » révélateurs et mille choses qui présagent la mort. Une poule qui chante avec un coq, un chien qui hurle devant la maison ou fouille la terre dans la cour, le croassement d'une corneille, etc., etc., tout cela annonce évidemment le trépas prochain d'une personne, surtout si le sort n'est pas conjuré, par exemple, en offrant la poule à un monastère ou en bouchant à temps le trou creusé par le chien ! Rien ne serait si grave que de détruire un nid de cigognes : il y aurait de quoi envoyer toute sa famille dans l'autre monde ! Les songes préoccupent toujours : il est bien dangereux de voir en rêve une maison qui s'écroule, un menuisier ou un ami se préparant à aller à un mariage...

En cas de maladie, il est prudent de consulter la « vieille » du village, autrement dit la « sorcière ». Outre que les médecins n'existent guère dans les campagnes, la population a, bien entendu, plus de confiance dans les secrets inspirés d'une petite « vieille » que dans une science patentée. Comment, en effet, ne pas guérir par la vertu mystérieuse d'un mélange d'eau et de terre, recueillie dans des endroits secrets, et appliqué au bon endroit, ou par un lavage avec un bouillon à la recette mystérieuse, accom-

pagné de paroles cabalistiques ? Par la vapeur de
certaines plantes et par certains gestes mystérieux,
un homme peut être sauvé. C'est risible, mais avant
de rire, pensons qu'en France « la clef des songes »
est achetée avec confiance par bien d'autres personnes que les midinettes amoureuses ; et que les som-
nanbules extra-lucides et les diseurs de bonne aventure vivent grassement en exploitant la superstition
et la crédulité invraisemblable de leurs clients. Est-
ce un indice de moindre sottise ? Les pauvres Macédoniens ont, du moins, l'excuse d'une ignorance
que rien ne leur permet réellement de combattre.

Par une sorte de survivance des pratiques païennes
et de la mythologie, il est d'usage de déposer une
pièce de monnaie dans la bouche du défunt, et des
victuailles sont portées au cimetière et à l'église.
C'est une offrande que se partagent le pope, le
sacristain et les pauvres. Des « collybes » — sorte
de gâteaux — sont plus ou moins abondamment
distribués au cours des services funèbres. Certains
voient dans ces collybes, mangés après l'enterre-
ment, un gage de bonheur et d'abondance !

Autre souvenir antique : des femmes sont souvent
employées comme pleureuses, tant à la maison
auprès du mort, dès que sa toilette funèbre est
achevée, que lors des funérailles ; et leurs lamen-
tations, leurs gémissements et leurs sanglots font
naître, malgré tout, une impression poignante.

Les orthodoxes conduisent leurs morts au cimetière à cercueil découvert ; le couvercle est porté
devant le convoi par un enfant de chœur ou un
bedeau. Au moment de l'inhumation, avant la fer-
meture de la bière, on débande le menton, les pieds

et les mains, on déboutonne les vêtements car beaucoup croient cela nécessaire pour que l'âme du
décédé ne soit pas enchaînée dans l'autre vie. A
l'église, à l'issue de la cérémonie religieuse, les
hommes après avoir baisé l'icône posée sur la poitrine du défunt, lui baisent aussi la main ou le front,
suivant qu'il est ou non plus âgé qu'eux. A ce
moment, on en voit qui lui parlent à l'oreille : c'est,
paraît-il, un suprême compliment et des commis-
sions à faire à leurs propres défunts. Les femmes,
m'a-t-on dit, en font autant à la maison pendant que
le corps y demeure exposé.

Le culte rendu aux tombes est très curieux ; il
dure d'abord quarante jours, pendant lesquels,
normalement, un cierge ou une lampe est allumé
au cimetière, et une courte cérémonie religieuse y
est célébrée, les troisième, neuvième, quinzième,
et vingt et unième jours, à l'issue de laquelle des
collybes sont distribués. Le quarantième jour est
celui d'une grande commémoration, à la fin de
laquelle — particularité notable — le prêtre glisse
dans le tombeau, par une ouverture pratiquée à dessein, des portions de vivres qui ont été apportés
par les femmes, le reste lui étant attribué pour qu'il
l'emporte et le mange en famille. C'est, généralement, ce jour-là, que la famille du mort offre aussi
un repas à ceux qui sont venus rendre leurs devoirs
au défunt pendant la quarantaine écoulée.

Une pratique très étrange des orthodoxes est celle
des deuxièmes funérailles, faites trois ans après l'en-
terrement, à la suite d'une exhumation. Le sque-
lette est alors lavé avant le dernier ensevelissement.
De bizarres et regrettables superstitions se rattachent

à ces deuxièmes funérailles : si les os sont restés
jaunes et onctueux, le défunt est un saint ; s'ils
sont noirs, c'est qu'ils appartiennent à un pécheur
et peut-être à un damné... Si le corps est retrouvé
plus ou moins conservé, il faut qu'il reçoive une
absolution solennelle et l'on attendra trois ans pour
renouveler l'exhumation ; si le corps n'est alors pas
disparu, le décédé est manifestement damné !

De pareilles pratiques nous paraissent d'un autre
âge. Elles sont un mélange de symbolisme et de
légende engendré par l'ignorance profonde du peuple. Mais, il est curieux de retrouver partout un fond
commun dans les superstitions populaires ; ainsi la
corde de pendu — que de prétendus civilisés gardent
comme porte-bonheur, — n'est-elle pas de même
ordre que la croyance orientale à la vertu du « col-
lybe » déposé auprès d'un mort, et à celles des
objets provenant d'un tombeau ?

CHAPITRE XII

AU FIL DES JOURS. — NOTES ET RÉFLEXIONS.

A propos de la fête de Jeanne d'Arc. — 20 Mai 1917.

Quand pourrons-nous, dans la joie de la paix et de la victoire, célébrer notre bienheureuse Jeanne d'Arc, en un jour de fête nationale ? C'est le secret de Dieu. Laissons la Providence conduire avec sûreté les peuples, tandis qu'aveugles, nous voyons mal — et ne comprenons pas — le cours des événements et que, mortels, nous trouvons long l'instant qu'il faudrait pouvoir juger du point de vue de l'éternité.

*
* *

Les troupes russes de l'armée d'Orient.
10 Juin 1917.

Dans le petit corps expéditionnaire d'Athènes sont incorporés des éléments russes. On en est débarrassé ici ! L'état d'anarchie de ces troupes donne à réfléchir sur ce qui doit exister, — et en tout cas, a sûrement existé — sur le front oriental...

La « sainte brute grise », comme Dragomirof qualifiait le soldat russe, est un bel homme, matière de beau soldat. Mais c'est un primitif, sans instruction, et c'était un peu un esclave ; il ne peut être mûr pour la liberté. Les officiers étaient des privilégiés, débauchés, méprisables en trop grande partie, traitant leurs hommes comme des bêtes et ne leur donnant aucun bon exemple, pas plus au combat qu'ailleurs. Ici, dans l'armée d'Orient, ils sont moins qu'estimés. La révolution, fatalement, a créé l'anarchie dans un tel milieu qui n'a pas d'équilibre moral.

Ces primitifs ne conçoivent la liberté que dans la licence et l'insubordination.

Aussi, officiers et sous-officiers n'ont-ils aucune autorité ; ils paraissent d'ailleurs se désintéresser de leur devoir. Il est vrai que pour punir (en guerre !) il faut réunir un comité de soldats... Que peut rendre une grande masse d'hommes dans des conditions pareilles ? Et cependant, encadrées et sérieusement conduites et organisées, quelles belles troupes feraient ces légions russes ! Je les ai vues lors du rassemblement à Salonique et de l'embarquement pour Athènes ; grand troupeau de beaux hommes solides, c'était à la fois impressionnant par la force que cela pourrait être, inquiétant par l'anarchie qui y règne, attristant par l'état de misère morale qui s'y révèle.

L'état social et politique de la Russie était peut-être un paradoxe. Le tsarisme ne valait rien ; mais l'anarchie des Soviets ne peut mettre de l'ordre dans un pays pourri par la tête et ultra-arriéré dans la masse, d'après ce que m'ont dit des officiers amis ayant vécu un certain temps dans ce grand empire du Nord, qui s'écroule si lamentablement.

*
* *

Jours d'été. — 24 Juin 1917.

Aujourd'hui la Saint-Jean, la joyeuse fête d'été de la vieille France, dans nos belles et riantes campagnes, dont la verdure me fait rêver : ici, pas de verdure, pas d'arbres, pas un ombrage. En Bretagne, il y avait des feux de joie jadis ; ... quand les rallumera-t-on ?

En ces jours d'été, nous avons pour nous distraire trois sortes de spectacles : les avions boches qui narguent de très haut, généralement avec succès, le feu d'artifice dirigé contre eux, tant par les batteries anti-aériennes que par les navires, — les incendies, — et les orages. Les incendies sont continuels dans ces pays où l'habitation est sommaire, construite en bois, en lattes ou en torchis, où l'eau manque à proximité et où l'on fume toute la journée. Ils assainissent le quartier atteint et ne laissent pas autrement de souvenir.

Quant aux orages, ils ont souvent une furieuse grandeur et les puissants éclairs, qui déchirent la nue avec une grande fréquence et révèlent en pleine nuit les contours lointains des montagnes balkaniques, donnent un admirable spectacle à contempler de la

rade. La pluie diluvienne engorge vite les quelques
égouts mal entretenus, et inonde rapidement toute la
ville basse, en coupant les principales voies. On
attend que l'eau s'écoule... jusqu'à la prochaine fois ;
de chercher à y remédier, point n'est question.

*
* *

Journées d'hiver. — JANVIER 1918.

Une lointaine chute de neige a tout blanchi autour de nous, donnant sous la lumière du soleil, un
splendide et nouvel aspect blanc d'hermine à notre
cadre de montagnes.

Par calme absolu, aucun souffle ne ridant la surface de l'eau, un coup de froid nocturne a fait, un
matin, prendre légèrement la mer près de la berge ;
et, vers 11 heures, par un radieux soleil, la
« Banquise » (!) est venue ceinturer la *Patrie*, tandis
que les mouettes se promenaient gracieusement sur
de petits glaçons flottants. Je n'avais jamais vu la mer
geler, et c'est à Salonique que je le vois pour la première fois. Il est vrai que le même jour, dans l'après-
midi, il faisait si beau et si bon que je suis allé faire
un tour sans manteau. Il y a eu, paraît-il, 5° centi-
grades au-dessous de zéro sur le pont ; cela n'a
guère duré, mais montre la rudesse d'un climat à
moitié continental par la proximité des hautes montagnes gréco-serbes balkaniques. Quand le vent du
Vardar vient à souffler, comme l'eau de mer garde

une chaleur de plus de 17° et 18° , elle évapore ferme
sous la poussée de l'Aquilon, et l'on dirait qu'elle va
bouillir en voyant le brouillard formé à la surface
jusqu'à une certaine hauteur, et que la bise glaciale
chasse devant elle comme une buée légère sur une
immense bassine.

Le soir, le soleil couchant est particulièrement beau
à contempler du haut de la ville turque ; toute la
crête blanche des montagnes — du lointain Mont
Ossa aux sommets de Serbie, en passant par l'Olympe, — est illuminée d'une bordure de feu, qui dore
l'horizon avec éclat, avant de disparaître progressi-
vement, en passant par toutes les gammes du rouge
et de l'orange. Malgré tout, l'été, parfois si chaud en
Macédoine, me paraît mieux convenir au caractère
du pays que ce spectacle boréal. Et puis, comment ne
pas songer à cette pauvre population de sinistrés et
de réfugiés, mal vêtue, pas nourrie, et dont le logement n'est qu'un misérable et insuffisant abri ? Malgré bien des défauts, ces gens méritent le respect dû
au malheur et à la pauvreté acceptés avec résigna-
tion et silencieusement.

*
* *

A l'aube des jours de la Victoire. — 29 JUILLET 1918.

Les événements depuis quatre ans peuvent compter
double dans la vie pour ce qu'ils ont fait éprouver,
ont manifesté ou révélé à ceux qui veulent bien voir
et réfléchir. J'ai eu la chance, par la diversité des

occupations et des missions qui m'ont été confiées, de voir la France et ses alliés sous différents aspects et dans différents cadres. J'ai pu voir à l'œuvre et entendre des hommes d'origine, d'idées, de valeur, de rang fort divers. Comment n'aurais-je pas glané çà et là quelques impressions, recueilli quelques observations, remarqué des faits, et découvert des forces ou des faiblesses, que je ne soupçonnais pas auparavant ?

Dès maintenant, une conviction est née en moi : la paix viendra victorieuse et, peut-être, bientôt. Mais cette paix ne sera pas le repos. J'entrevois, au contraire, une ère d'action, de luttes et d'efforts nécessaires dans tous les domaines. Cette lutte ne sera-t-elle pas dure, opiniâtre, passionnée, puisqu'il faudra relever d'immenses ruines et tout reconstruire ?

*
* *

A Betchinar et aux parcs et ateliers de l'armée anglaise. — Aout 1918.

A Betchinar, en bordure de la rade, près d'un beau frigorifique construit par l'Intendance militaire, nous avons installé nos dépôts de minerais de charbon, de lignite, de chrome et de magnésie, car nous entreposons ici les minerais en provenance des Iles et de l'Eubée, destinés à l'armement et aux fabrications de guerre. Quel effort représente l'organisation des alliés à Salonique !

Armées française, britannique, italienne, serbe et
grecque ont chacune leurs dépôts, magasins, ateliers,
etc., etc... C'est une concentration et une diversité
de rouages sans précédent. Et la variété de races et
de nationalités composant les armées alliées est non
moins curieuse ; Salonique est un musée ethnogra-
phique.

Après la visite des dépôts de Betchinar et
après avoir traversé beaucoup de poussières noires,
blanches ou grises, il est permis à un initié d'entrer
au frigorifique pour prendre une douche originale
sous la cascade d'eau rafraîchissante tombant sur les
tubes en serpentin, qui contiennent l'ammoniac des
frigorigènes. Le « tub » est un bassin en ciment ;
l'eau n'est ni chaude ni froide, et cette hydrothérapie
bienfaisante n'est pas banale.

*
* *

L'amiral m'a emmené visiter avec lui les ateliers
et les parcs à munitions de l'armée britannique. C'est
une vraie ville industrielle installée dans des camps,
en pleine campagne, à une dizaine de kilomètres de
Salonique, et qui témoigne de la science d'organisation de nos alliés. Elle s'étend sur plusieurs centaines
d'hectares. L'intérêt en est très varié. Plusieurs milliers d'ouvriers et d'ouvrières indigènes, de prisonniers Bulgares et Turcs, sont employés aux travaux
les plus divers. C'est ainsi qu'avec les résidus de
graisse, recueillis au front et dans les cantonnements
de repos, une savonnerie fabrique un savon excel-

lent, dont elle pourvoit les troupes anglaises et même une partie des nôtres. Alors qu'au début on gaspillait, maintenant tout est utilisé ; et restes et débris de matériel de toute sorte sont recueillis pour être employés aux réparations et aux confections. L'outillage est des plus perfectionnés : charronnage, corroirie, tôlerie, cordonnerie, sellerie, fonderie, ajustage, etc... on fait de tout.

Les officiers de l'intendance ou de l' « ordnnance » (sorte d'état-major technique), qui dirigent ces ateliers, sont des ingénieurs distingués et presque tous ont visité et connaissent fort bien l'Allemagne. Un lunch nous fut offert à leur mess. Il fut fort instructif, dans ce milieu de gens intelligents et choisis, d'entendre comparer le Français, l'Anglais et le boche aux points de vue intellectuel, commercial et industriel ! J'ai passé là quelques heures fort agréables et profitables.

CHAPITRE XIII

JOURS DE VICTOIRE.

I.

La victoire balkanique. — SEPTEMBRE 1918.

Alors que, depuis des mois, les événements militaires sérieux avaient été bien réduits sur le front oriental de la grande guerre et que l'on ne lisait sans doute plus guère, en France, les communiqués de l'armée d'Orient, voici que l'offensive balkanique la remet au premier plan. Nous recueillons maintenant les fruits du travail considérable qui marqua le passage du général Guillaumat et que son successeur a continué. Dans cette région montagneuse et sans moyens de communication, il a fallu faire des travaux énormes, que l'on ne peut soupçonner quand on est sous l'impression de ce qui existe dans un pays de valeur comme la France. Mais, tant d'efforts et de travail n'auront pas été dépensés en vain : voici la peine prise bien récompensée ! La victoire

14

est magnifique ; le succès dépasse les premières
espérances et sera un grand événement dans les fastes
militaires. L'armée victorieuse a fait un butin colos-
sal, car l'aviation, ayant su couper les chemins dans
d'étroits défilés et fait effondrer tous les ponts de fortune ou autres, des embouteillages se sont produits,
et il ne restait à l'ennemi que des débouchés res-
treints. En se sauvant, les bulgaro-boches ont dû tout
abandonner. L'avance foudroyante sur Prilep — le
grand centre d'approvisionnements ennemis, en
quelque sorte leur Salonique, — a permis de prendre un matériel énorme et d'autant plus précieux
que nous aurions dû, plus tard, faire venir ce même
matériel de France. Il est commode en arrivant à
l'étape de trouver la table servie.

*
* *

Un cri de victoire. — 28-29 Septembre 1918.

La Bulgarie demande la paix ! Après la venue de
premiers parlementaires, l'avant-veille, deux généraux et deux ministres bulgares sont arrivés à Salonique, au quartier général des armées alliées, dans une
limousine aux armes du souverain bulgare.

Un armistice se discute, — qui peut présager de
graves événements, aurore de la paix, — tandis que
la lutte continue et qu'une poursuite triomphale des
arrière-gardes par les troupes alliées propage le
désordre chez les ennemis.

La joie est grande dans toute l'armée d'Orient, dont les souffrances et l'immense labeur n'auront décidément pas été inutiles. Ce sentiment réconforte et efface le souvenir de longues périodes d'attente déprimantes, où l'on n'entrevoyait pas le résultat final...

* *

1er OCTOBRE 1918.

Pour juger des conséquences de la victoire orientale, je retiens ces lignes des journaux boches « Vorwærst » et « Gazette de la Croix ».

L'un écrit : « La Bulgarie fait la paix, le peuple allemand reste seul en face des Français, des Anglais, des Américains, le dos au mur, la mort en face ».

Et l'autre : « Il n'y a plus aucun espoir de jamais rétablir un front balkanique ; la partie est également perdue en Turquie ».

Ainsi soit-il !

* *

II.

La victoire. — NOVEMBRE 1918.

9 NOVEMBRE.

Depuis l'armistice bulgare, puis l'armistice turc, nous vivons ici dans une situation agitée, car il faut être prudent et rapide à la fois dans le plan d'action ; et, dès qu'une chose est prête... elle devient inutile, le problème ayant rapidemnet changé de face et de caractère : les événements vont désormais plus vite que les télégrammes !

L'armistice général est, sans doute, imminent. La défaite des boches est maintenant assurée ; ils sont en déroute et ne peuvent se ressaisir ; ils ont la révolution chez eux.

Le châtiment et l'expiation vont commencer. M. Clemenceau l'a dit : « Le plus terrible compte de peuple à peuple est ouvert ; il sera payé ».

Quelle heure émouvante celle où le maréchal Foch, grand soldat et Français sans reproche, voit venir à lui, humiliés, les plénipotentiaires de l'orgueilleuse Allemagne battue ; où le champion de l'honneur, du pur et noble patriotisme triomphe des sectateurs exécrables de je ne sais quel dieu de brutalité et de proie, où le représentant d'une puissance d'idéal regarde, debout, avec fierté, la force matérielle vaincue, souillée de crimes, déshonorée...

Quelle date dans l'histoire du monde ! — Le Sedan de 1870 est effacé par celui de 1918. — Gloire à Dieu !

*
* *

11 Novembre.

C'est à 7 heures 55 que nous avons reçu par T. S. F. le message du maréchal Foch.

La guerre est finie ; elle cesse à 11 heures sur tous les fronts.

Ici, par suite de la longitude, c'est à une heure du soir. A cet instant solennel, à notre imitation, le grand pavois — signe d'allégresse qui avait disparu depuis cinquante deux mois, — a été hissé par tous les navires sur rade ou dans le port, petits ou grands ;

Pavoisement de la Victoire, à Salonique, le 11 novembre 1918.
(*La Patrie*).

les sirènes ont sonné, les salves d'artillerie ont retenti, la « Marseillaise » a été entonnée, tandis que d'un mouvement spontané, impressionnant, — faisant brusquement silence, — tout l'équipage de la *Patrie* se découvrait en écoutant l'hymne national, suivi des airs alliés, puis de « Sambre et Meuse » et du « Chant du Départ », que beaucoup accompagnèrent d'une voix mâle. Ce fut un moment de joie émouvante et recueillie...

J'ai lu, il y a quelques jours, les lignes suivantes

au livre des Macchabées : « Voilà nos ennemis défaits.
Montons maintenant purifier le Temple et le renouveler ». Admirables paroles, qui me paraissent s'ap-
proprier aux circonstances, qui sont à la fois une
directive et un enseignement pour l'heure présente,
laquelle, sur des ruines, appelle un renouveau sau-
veur.

CHAPITRE XIV

Dernières visites à Salonique.

Novembre-Décembre 1918.

La pensée que je vivais mes derniers jours de
Salonique (car je devais, sinon rentrer sans tarder
en France, du moins, presque certainement suivre
l'amiral à Constantinople, où les événements com-
mandaient de transporter le siège du commandement des bases d'Orient), la pensée, dis-je, de quitter
prochainement une région où j'aurai vécu, sans la
trève d'une permission, deux années de vie intense,
à une grande période de l'histoire, me donnait le
désir de revoir tous ces lieux, beaucoup de fois parcourus, auxquels j'attachais le souvenir de multiples
impressions et, qu'une fois parti, je ne reverrais sans
doute jamais plus. C'est donc avec un sentiment
évocateur tout particulier, que j'ai employé désormais tous instants de liberté à dire adieu à ces monuments, à ces organisations militaires, à ces quartiers, qui furent si souvent le but de mes descentes
à terre et l'objet de mes réflexions.

La saison est bien avancée, l'automne est fini ; on

sent que l'hiver a commencé ; et la lumière prend
des tons nouveaux, presque plus riches, parce que
moins rudes et moins éclatants. Cependant, — surtout quand la pluie a nettoyé l'atmosphère, — les
couchers de soleil, derrière les sommets neigeux de
ces majestueuses montagnes qui ferment l'horizon

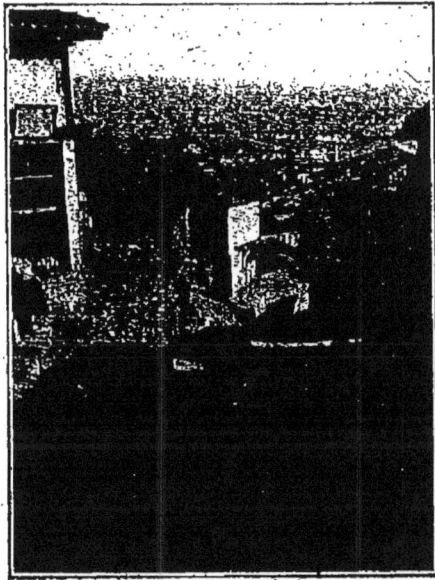

Une « grande » rue de la basse ville.

au sud et à l'ouest, sont plus éblouissants que jamais. Les fins de journée charment délicieusement
l'œil, et, en contemplant la chute du jour d'un
certain point de la haute ville qui me plaisait entre
tous par son décor oriental, mon âme éprouvait une
impression indéfinissable et qui m'expliquerait le caractère oriental, si toutefois il est explicable...

Le dernier clair de lune de 1918 m'a permis de

faire, sous un ciel étoilé magnifique, une ultime promenade nocturne dans le vieux Salonique plein de pittoresque, aux souvenirs millénaires, aux rues accidentées, étroites et tortueuses, aux maisons mystérieuses.

De nouveau, j'ai parcouru les ruines dans toute leur étendue désolée. De longs mois ont passé depuis l'incendie de 1917 ; les ombres lunaires, aux tonalités estompées, font apparaître des paysages dantesques, des silhouettes fantastiques de débris de maisons, de poutrelles tordues, de minarets découronnés de leur toit pointu. Le silence plane sur ces ruines, donne une impression de mystère...

Et pourtant, les ruines sont maintenant habitées ! Depuis la catastrophe, l'œuvre de reconstruction n'est ni entamée ni même ébauchée. Néanmoins, quelque petit mercanti levantin, çà et là, a bien trouvé moyen d'élire domicile dans le quart d'abri laissé par un pan de maison, et il s'est fait un éventaire en bordure d'une rue toujours fréquentée parce qu'elle relie deux quartiers non sinistrés. Mais, la nuit, il a serré et couvert son étalage, tandis qu'il s'est étendu et endormi paisiblement par terre, dans un coin, enveloppé dans une couverture militaire, épave d'une des armées alliées.

De loin en loin, une famille a trouvé abri pour sa misère et s'est casée dans une cour à demi effondrée ; et la faible lueur d'une bougie fumeuse révèle l'emplacement d'une de ces tanières humaines, partiellement déblayée de décombres, mais sans portes, sans fenêtres, sans clôtures réelles.

Eclairé par le rayon argenté d'une resplendissante pleine lune, un joueur de mandoline donnait une aubade aux siens, groupés sur le devant d'un sous-sol, dont ils avaient fait leur demeure...

Dans la région — particulièrement anéantie — des vieilles demeures turques en bois ou en torchis, rien ne vit plus ; seul, le bruissement lancinant des criquets donne un reste de vie dans ce domaine de mort.

De jour, j'ai aimé m'isoler encore une fois dans les écarts de la haute ville et de l'Acropole, dans ces lieux d'antiquité vénérable, où l'on se sent loin, bien loin de l'agitation bruyante de la rue Vénizelos, du bruit de camions et d'autos militaires du quai de la Victoire, des prétentieuses mondanités de la Tour Blanche...

En m'y rendant, j'ai croisé à travers les ruines quatre « hamals » (portefaix) enturbannés, portant silencieusement et d'un pas cadencé et rapide, enveloppé dans un linceul, le corps d'un « croyant », qu'ils conduisaient à sa dernière demeure. Ce « croyant » avait eu une vie modeste, sans doute, et sa mort, — qui lui ouvrait le paradis d'Allah, — n'aura pas ému le fatalisme de ses congénères... Personne n'accompagnait ce convoi. Mais l'attitude de respect des hamals, qui portaient en eux — en dépit de leurs pieds nus et de leurs pauvres hardes, — une réelle noblesse de tenue, me fit comparer la dignité, maintes fois constatée, des inhumations musulmanes avec les enterrements israélites ou orthodoxes, plus bruyants, accompagnés de plus de pompe et souvent avec le concours d'une musique instrumentale...

J'ai visité une fois encore, avec recueillement, les mosquées et églises (ou leurs ruines incendiées), précieux vestiges d'un antique art byzantin, dont les possesseurs modernes de la ville semblent peu se soucier, comme s'ils en ignoraient la vénérable beauté.

J'ai compati de nouveau à la misère des pauvres réfugiés, campés dans les temples provisoirement retirés au culte, mais où leur détresse et leur croyance savent encore entretenir une lampe devant l'icône vénérée...

J'ai revu, dans le voisinage des ruines ou dans les baraques des sinistrés, le spectacle d'une misère humaine qui s'obstine à errer près de ses anciens foyers.

J'ai refait le tour des grands remparts crénelés, toujours majestueux dans leur délabrement ; mes amies, les petites corneilles à casque gris s'y ébattent toujours, tandis qu'en bordure, sur la façade nord principalement, se sont multipliées d'invraisemblables bicoques, faites de roseaux et de lattes, couvertes du fer blanc de vieux bidons d'essence et de boîtes de conserves ; et là, comme dans les faubourgs ou au village tsigane, vivent, on ne sait de quoi, de populeuses familles aux dizaines d'enfants. Cette fécondité des races pauvres rappelle la loi de perpétuité de la vie et de la création continuée : « crescite et multiplicamini » ; elle sauvera ce pays de Macédoine, dont la mise en valeur réclame des bras autant que la sécurité...

Et je n'ai eu garde de dire un adieu aux œuvres françaises d'enseignement et de bienfaisance, qui, à tous, orthodoxes, musulmans, albanais, israélites, serbes, etc... dispensent un peu du cœur de la France.

J'ai voulu, enfin, revoir ces grands cimetières israélites ou turcs qui bordent la ville, à l'est et à l'ouest, et qui gardent les cendres de tant de peuples du passé ; et surtout, j'ai tenu à saluer avec piété les tombes du grand cimetière militaire interallié de Zeïtenlik, où trop de soldats de la grande guerre ont leur dernière demeure...

Un peu plus loin que ces cimetières, les Lazaristes ont un grand établissement et un séminaire, dont une partie est encore convertie en hôpital. A côté, se trouve une maison de sœurs de Saint-Vincent de Paul, une école et une crèche, où sont recueillis de malheureux petits êtres, orphelins ou abandonnés. Les sœurs de charité françaises donnent là, avec un amour maternel, des soins dévoués à ces petits enfants, épaves de la grande misère humaine. Parmi les plus âgées qui forment un conseil de la maison, se trouve la propre petite fille du dernier dey d'Alger ! Et cette vénérable, distinguée et bonne religieuse, toute heureuse d'une joie surnaturelle et de sa vocation catholique, a, — tous les jours, déclare-t-elle, — une prière particulièrement fervente pour le salut de ses sœurs arabes, maintenues dans l'esclavage de la religion musulmane.

CHAPITRE XV

VERS CONSTANTINOPLE.

21-22 Novembre 1918.

Le général Franchet d'Esperey voulant aller visiter les Dardanelles et Constantinople, qui sont maintenant des centres importants de son commandement, ne peut s'y rendre discrètement et comme en secret ; nous sommes en armistice, et le vainqueur des Balkans doit être accompagné de quelque apparat militaire. Aussi a-t-il demandé à prendre passage sur un cuirassé, et il a été décidé que la *Patrie* le conduirait de Salonique à Constantinople et le ramènerait.

C'est un joli symbole que le général français qui a mené à la victoire les armées alliées d'Orient, franchisse le détroit si tristement célèbre des Dardanelles sur le cuirassé *Patrie*, et vienne, en vainqueur, mouiller dans les eaux du Bosphore. Parcelle détachée du territoire national, notre navire abrite donc le général victorieux et le transporte dans la capitale

15

des sultans : quel grand fait, indice des événements
considérables qui marquent l'heure présente et fe-
ront date dans les annales du monde !.

Mais les éléments sont déchaînés, et le vent, la
pluie, la mer, ligués ensemble dans une crise préco-
ce de fureur hivernale, donnent à la traversée un
caractère exceptionnel. C'est contre vents et marées,
image des obstacles vaincus et, malgré cela, à belle
vitesse, que nous voguons vers les confins de l'Europe et de l'Asie.

Notre torpilleur d'escorte, — encore qu'il soit de
800 tonnes — ne peut nous suivre ; il s'est fait des
avaries dans le gros temps et a dû aller se réfugier à
Moudros (île de Lemnos).

A cause des mines qui défendaient l'approche des
détroits, de nombreux chalutiers et torpilleurs français et anglais, font un dur travail de recherche et de
dragage pour garantir un passage libre aux navires
alliés, qui, après plus de quatre ans de guerre, peuvent enfin se diriger vers la capitale de l'Orient.

Pour éviter la dangereuse rencontre de mines isolées et dérivantes, on ne passe que par un chenal
dragué, en contournant l'île d'Imbros, avant de doubler le cap Hellès. Et tout le monde à bord, quel qu'il
soit, doit revêtir une ceinture de sauvetage tant que
la zone dangereuse n'est pas franchie.

Le cap Hellès !... Ah ! qu'il apparaît tragique par ce
temps abominable, dans un horizon gris noirâtre,
sous des nuages bas, chargés de pluie que le vent
chasse avec furie... Nous avons salué avec émotion
les débris de la malheureuse expédition : coques
échouées, fort ruinés, terres bouleversées, cimetières
saccagés, où dorment 6.000 soldats...

Nous voici dans les Dardanelles.

L'amiral (1) a eu la noble pensée d'ordonner, au passage sur le lieu même où le *Bouvet* sombra, engloutissant avec lui presque tout l'Etat-major et l'équipage, une petite cérémonie de souvenir et d'hommage aux morts, dont la simplicité n'excluait pas la grandeur. Et le drame lamentable, évoqué dans ce cadre par l'horreur d'une tempête de pluie et de vent, la rendait encore plus émotionnante. L'équipage disponible, rangé sur le pont, la musique assemblée, le général en chef et les officiers sur la passerelle arrière s'abritant comme ils le peuvent, se découvrent : l'aumônier (2) ayant peine à se tenir au vent, qui fait rage dans un grain violent, récite les prières de l'absoute et donne, d'un geste large, une grande absolution. C'est le salut aux morts : « Aux Champs ! ». Puis, la « Marseillaise » guerrière, et le « Chant du Départ » !

Ce fut tout. Mais, cette pensée pour nos morts, dont le sacrifice glorieux ne saurait jamais être trop honoré, cet hommage rendu à leur mémoire dans un tel endroit, par un tel temps, dans une telle circonstance, vibraient en nous avec l'émotion ressentie...

La bourrasque n'a pas cessé de la journée. L'entrée des Dardanelles, une fois franchie, Tchanak, Gallipoli, la mer de Marmara sont entrevus ; mais la nuit est venue et, entre les ondées continuelles, les feux du Bosphore apparaissent. Le mouillage ne peut se faire que dans l'obscurité à dix heures du soir, un

(1) Amiral Pugliesi-Conti.
(2) M. l'abbé Renaud.

peu au hasard, au cours de grains violents et d'averses torrentielles.

Aussi, le lendemain, faut-il commencer par appareiller pour changer de mouillage. Et l'on va plus loin dans le Bosphore, au delà du palais impérial de Dolma-Baghcté, où le sultan habite encore pour quelques semaines, à grande distance de la Corne d'Or et du point ordinaire d'accostage des embarcations...

La pluie persistante a transformé en bourbier les voies de Constantinople, peut-être pires que celles de Salonique. C'est pourquoi, malgré son cachet et son pittoresque indéniables, la ville célèbre nous fait maussade figure, comme à des visiteurs indésirables. Mais voici que, durant quelques heures, le soleil se montre. Alors, le regard est subitement enchanté. Le panorama des trois villes (c'est-à-dire, du côté de l'Europe, Galata et Pera au nord, et Stamboul au sud de la Corne d'Or ; et, à l'est, sur la côte d'Asie, Scutari), dont l'ensemble forme la grande cité du Bosphore, vaut sa renommée ; le site est merveilleux et les descriptions qui en ont été faites ne sauraient rien enlever à la réalité du charme éprouvé. La déception n'est pas possible.

Il en est ainsi pour Sainte-Sophie. L'extérieur de la basilique fameuse ne dit rien ; et, même son importance apparente n'impressionne pas ; mais, dès que « l'Exonarthex » et le « Narthex » sont franchis et que l'on pénètre à l'intérieur, on éprouve comme un religieux recueillement, et l'âme est saisie par la splendeur et l'harmonie de l'ensemble. Ne connaissant pas Saint-Pierre de Rome, je n'ai pas vu encore de temple si beau et m'ayant fait plus grande impression. D'autres mosquées ont, peut-être, un aspect plus imposant et, en tout cas, plus riche, plus brillant et plus luxueux. Mais l'intérieur de Sainte-Sophie les dépasse toutes.

Constantinople m'a paru être un camp. L'armée turque y était en pleine démobilisation. La ville était archi-pleine de soldats encore armés, et la circulation était intense. Au milieu du jour, c'était dans les rues un grouillement humain baroque, dans lequel les militaires semblaient dominer. Et le coudoiement de soldats et officiers ennemis, Turcs, Allemands et Autrichiens, n'était pas sans faire éprouver d'étranges sentiments. A côté de nous, passaient les Turcs quasi indifférents, les boches altiers et hautains ; au contraire, les Autrichiens aimables et polis malgré tout. Parmi ces derniers, beaucoup nous saluaient avec sympathie et d'un air particulièrement déférent. J'en ai vu qui avaient arboré une cocarde tricolore : Polonais, Tchéco-Slovaques, Roumains, Croates, Slovènes peut-être ?

CHAPITRE XVI

Une escale à Tchanak et à Seddul-Bahr.

27 Novembre 1918.

Avant de rentrer à Salonique, le général en chef a voulu visiter deux points des Dardanelles, dont les forts viennent d'être occupés par les troupes anglaises et françaises : la ville asiatique de Tchanak-Kalessi (ou Kaleh Sultanieh, « Château des poteries ») et la bourgade qui lui fait vis-à-vis sur la côte d'Europe, Kilid-Bahr.

C'est devant Tchanak que la *Patrie* a mouillé. Tchanak, chef-lieu d'un Sandjack, était, avant la guerre, une escale obligée pour la visite des papiers des navires remontant vers le nord. Aussi, les Puissances maritimes y entretenaient-elles des consuls. Ce fut le point le plus avancé de notre attaque par mer, lors de l'héroïque mais lamentable équipée de 1915.

La ville a été en partie détruite par notre bombardement, encore que la rue principale, en bordure de

la mer, soit presque intacte. Mais les forts ont été
sérieusement réarmés depuis 1915 et constituaient,
jusqu'à l'armistice, une redoutable défense. Tandis
qu'en face nos soldats occupent Kilid-Bahr, les trou-

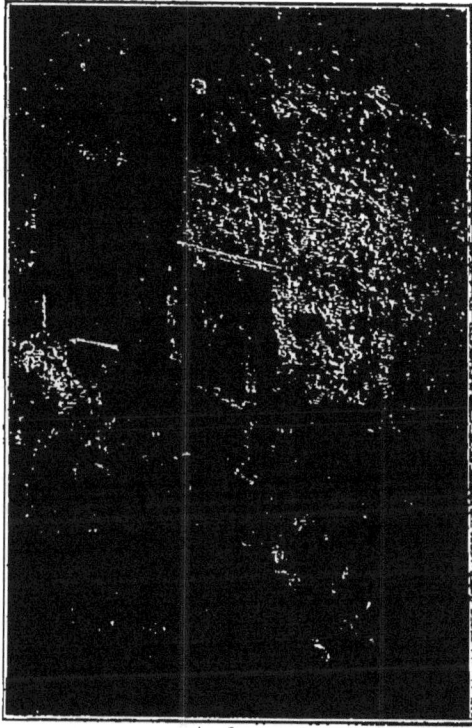

Occupation du fort de Tchanak par les Hindous.
(Novembre 1918)

pes britanniques sont en train de s'installer ici, et de
majestueux soldats hindous prennent possession du
grand fort, évacué tout récemment par les troupes
turques.

Bien étrange la vue de ces casernements du fort

où évoluent des Hindous ! De très vieilles constructions, aux murs d'une épaisseur cyclopéenne, bordent des casemates modernes bétonnées ; et une puis-
sante artillerie Krupp est en place, alors que, dans
la cour, à côté d'arbustes encore verdoyants, gisent
de très vieux et très gros canons de bronze, couverts

Dans l'enceinte du fort de Tchanak (27 Novembre 1918).

de ciselures et près desquels sont déposés d'énormes
boulets de pierre.

J'ai revu Tchanak deux autres fois. Je m'y suis
promené du côté des ruines, près des cimetières
turcs, dont l'impression étrange et si couleur locale
m'attirait particulièrement. J'y rêvais délicieusement, quand, en bordure de la nécropole, aux
pierres tombales délabrées et éparses, je découvris
un jeune couple assis et silencieux, se regardant, immobile. La jeune fille était turque, pauvrement
vêtue ; le jeune homme était un beau soldat hindou.

Ils ne comprenaient sans doute pas la même langue,
et leur flirt muet ne parlait que l'idiome universel
de l'expression amoureuse des yeux dans les yeux...
Je m'étais à peine écarté d'eux, qu'une mélodie alternativement gaie puis plaintive, frappa mon oreille.
Je me dirigeai vers le point d'où venait ce chant,
jamais entendu, tandis qu'une voix cristalline pour-
suivait sa chanson à double couplet. Assise sur les
ruines, une fillette indigène chantait comme un pin-
son, insouciante de la misère, joyeuse peut-être du
beau soleil qui éclairait son visage et égayait, s'il
était possible, le lieu dévasté par la guerre et l'incendie où elle se trouvait...

*
* *

Les souvenirs évoqués, le lieu, et, réellement les
« larmes des choses » rendent émotionnante une descente à terre à Seddul-Bahr, à l'entrée de l'Hellespont.
Le soleil luit, le ciel est magnifique. Mais c'est une
région morte. Les forts sont complètement détruits,
et les épaves des navires échoués près de la berge,
pour y faire une sorte de port-abri pour les débar-
quements, donnent à l'ensemble une impression
sinistre.

Avec le groupe d'officiers qui accompagnait le général en chef, guidé par un officier français et un
officier d'État-major anglais, qui avaient tous deux
pris part à la malheureuse expédition de 1915, j'ai
parcouru le champ de bataille désert, visité une partie des aménagements de terrain organisés sous la
direction des boches, et constaté tout le travail de

défenses en terre et de tranchées, qui avait été fait
par les alliés avant l'évacuation.

Des érosions ont maintenant nivelé beaucoup de
tranchées, d'abris en terre et de trous d'obus. C'est
une zone désolée. Pas de cultures, quelques traces
seulement de végétation, des ossements d'animaux,
des débris de matériel ; rien ne pourrait retenir
l'attention, si le souvenir d'un dramatique et sanglant
acte de la grande guerre ne hantait l'esprit.

Hélas ! combien des nôtres gisent là, dans ce coin
inhabité de Thrace, en y attendant la résurrection,
pauvres corps maintenant désagrégés, reliques sa-
crées de chers disparus, qu'aucune main amie n'a,
sans doute, pu ensevelir, et dont la tombe anonyme
n'a recueilli — et ne recueillera plus — ni les fleurs,
ni la pieuse visite de cœurs aimés !

Les emplacements de nos cimetières subsistent ;
mais les Turcs ont arraché ou brisé les croix des
tombes. Dans un de ces champs de repos, je n'en ai
plus trouvé qu'une seule debout : pourquoi celle-
là ?

Du promontoire du cap Hellès, j'ai contemplé le
panorama de la mer, des côtes et des îles ; une mine
dérivait non loin, dangereux engin échappé jusqu'à
présent à l'escadrille des chalutiers, qui draguent
sans cesse les abords des Dardanelles, poursuivant
une dure mission de guerre, dont l'armistice ne peut
suspendre les périls.

Je suis en un point d'où l'on ne découvre que des
terres ou des lieux célèbres depuis les temps historiques. Combien de générations ont passé, que d'événements se sont déroulés dans cet archipel et à ces
confins de l'Europe et de l'Asie ?

« Est in conspectu Tenedos » ..

Virgile, les premières impressions littéraires clas-
siques, reviennent en mémoire. Là, en face, fut la
ville de Troie, et coulent le Scamandre et le Simoïs ;
c'est la terre de l'Iliade. Que reste-t-il de ces grands
souvenirs et des légendes épiques de Pergame et
de la Troade ?...

> « ...Campos ubi Troja fuit... »
> « ...Etiam periere ruinæ. »

Et sur la place déserte et désolée de Seddul-Bahr,
par où débarquèrent les alliés, gît, lamentable épave,
le glorieux « River Clyde », le nouveau cheval de
Troie de 1915, qui reste le dernier et glorieux témoignage d'une entreprise trop audacieuse, où la
fortune, cette fois, se montra infidèle au courage
intrépide et valeureux.

Sunt lacrymæ Rerum...
La plage de débarquement de Seddul-Bahr en Novembre 1918.

Masséna.
River-Clyde.   *Saghalien* (coupé en deux).

CHAPITRE XVII

SÉJOUR A CONSTANTINOPLE.

JANVIER-AVRIL 1919.

Impressions et remarques.

Le rêve d'une campagne d'Orient, atteindre Constantinople, s'est donc réalisé !

Quelle heureuse circonstance ! Il m'eût paru coupable de n'en pas profiter, et je me suis passionément attaché à voir et à connaître tout ce que je pourrais d'une ville et d'un pays si célèbres.

La *Patrie*, d'abord mouillée en plein Bosphore, fut ensuite amarrée à quai, à l'entrée de la Corne d'Or, à l'arrière d'un cuirassé anglais, près du pont de Galata. Ma chambre donnait sur la Corne d'Or, et, pendant des semaines, j'ai pu contempler par mon sabord, le Bosphore, Stamboul et la Pointe d'Eski-Seraï (ou vieux sérail), le site incomparable où fut fondée l'antique Byzance.

16

Inutile de revenir sur l'impression enchanteresse
que procure, à l'arrivant, la vue du Bosphore et de
la vaste, prestigieuse et mystérieuse cité, qui évoque
tant de grands souvenirs.

L'imagination est inévitablement frappée et la
merveilleuse lumière qui éclaire le blanc palais de
Dolma Baghcté et les hauteurs qui le surplombent a
fait miroiter en moi l'image d'un rêve des Mille et
une Nuits. D'ailleurs, tout le long du Bosphore, dans
toutes les baies charmeuses qui échancrent ses bords,
des impressions semblables ont ravi mon regard.

Vers la fin d'une courte saison d'hiver, aux approches du printemps, que j'aimais me diriger vers
Bébek et Thérapia, et voir de belles aquarelles se faire et se défaire dans le crépuscule !

Dans cette banlieue, la lumière était d'une finesse
extrême, le ciel avait des bleus délicats, et le coloris
gris rosé des plans lointains ressortait en tonalités
exquises. Mon être s'y dilatait dans un sentiment de
joie intime et d'amour de cette incomparable nature.

Mais, au demeurant, ces lieux ne sont plus à van-
ter ! Il me semblerait banal, après les récits de tant
d'écrivains, de célébrer encore une fois la magnifi-
cence des paysages et la profusion des palais, de rela-
ter la visite des mosquées ou des musées, de décrire
la pompe maintenant bien réduite du Sélamlik, de
narrer les cérémonies étranges et sauvages des der-
viches tourneurs ou hurleurs, de rappeler le charme
de promenades en caïque, des eaux douces d'Asie et
d'Europe, d'Eyoub et de son cimetière. Constantinople est intéressant sous tant d'autres rapports si divers ! La géographie, l'histoire, la politique, la morale, l'ethnographie, les arts, etc... y trouvent

d'amples sujets d'observations et d'études. Tout y donne à penser et mérite examen et réflexion : les enseignements du passé, les problèmes du présent, les inquiétudes ou les espérances de l'avenir.

Constantinople a toujours été, en effet, avant et pendant la guerre, et reste maintenant, plus que jamais, le théâtre d'une effroyable lutte d'intérêts opposés. Peuples d'Asie, d'Europe et d'Afrique, échantillons de toutes les races, de toutes les religions, gens de toutes moralités affluent vers cette métropole ; chacun y poursuit son intérêt, la réalisation de ses idées et de ses aspirations. Tout l'Orient y converge ; et les ambitions rivales, avouées ou cachées, en font un des premiers centres politiques du monde.

La capitale gouvernementale de l'empire ottoman est à la fois une capitale religieuse, politique, maritime et économique. « C'est, dit Lamartine, la capitale écrite sur le sol par le doigt de la Providence, non pour un empire, mais pour un hémisphère... ».

La Turquie y a son administration ; les mahométans de tous pays y ont leur Khalife ; les Orthodoxes, leur patriarche œcuménique ; et les nombreux catholiques indigènes qui n'appartiennent pas à un rite oriental y forment une sorte de nation appelée les « Latins », pour lesquels l'Etat musulman a dû créer un fonctionnaire appelé le « Consul Latin ».

Tout est complexe ici, races, langues, religions ; ce que j'y ai vu m'a fait faire des remarques et m'a inspiré des réflexions que je veux consigner avant que les événements d'après-guerre du proche Orient se soient déroulés.

*
* *

I. La Cité.

Rien de moins uniforme, de moins limité et de
moins précis comme étendue, que la ville de « Constantinople ». En réalité, c'est un groupement de
villes et villages, situés sur les deux rives du Bosphore et de la Corne d'Or. Chaque quartier forme une
ville presque distincte, qui a ses caractéristiques.
Stamboul et Scutari, agglomérations plus essentiellement turques, n'ont aucune ressemblance avec
Galata et Péra ; Kassim-Pacha ne saurait se comparer
à Top-Hané, le Phanar à Ortakeuï, Eyoub aux
Blakernes, Kadikeuï à Bébek ou à Thérapia... Et tout
cela, c'est « Constantinople ».

Cette capitale de l'Orient est un mélange étrange
de civilisation et d'état primitif, qui présente tous les
aspects, tous les contrastes. Tout s'y heurte, pourrait-
on dire : richesse et misère, beaux immeubles et invraisemblables masures, riches mosquées et antiques
monuments délabrés, belles rues bordées de fondriè-
res et de sentiers abrupts et défoncés, quartiers sur-
peuplés et solitudes dévastées, fourmilières humaines et cimetières, tramways électriques et charrettes
rustiques traînées par des buffles, autos luxueuses et
ânes et mulets au bât antique ; à Péra, le sourire et
l'œillade effrontée d'une élégante jeune turque artis-
tement fardée ; à Stamboul ou à Scutari, la vieille
musulmane voilée ; sur une rive, des paroles aima-

bles en un français correct ; sur l'autre, pour qui sait entendre et comprendre le turc, des gestes de malédiction et des paroles de haine (des amis du pays me les ont traduites). Ecoutons bien ces voix populaires ; tandis que la population chrétienne, pleine d'espérance, bénit ses libérateurs, la haine des pauvresses musulmanes qui tendent la main, traduit la grande souffrance du peuple affamé.

Il est impossible de ne pas être frappé dans toutes les régions de l'immense métropole du nombre des quartiers — ou de parties de quartiers — détruits par un incendie. La désolation de ruines mortes succède çà et là au pullulement des demeures surpeuplées. Les maisons disparues, le plus souvent construites en bois, laissent seulement de légers soubassements de pierres, vite revêtus par la végétation des vieux murs éboulés. Peu après le « Séraskériat » (1), une bonne partie de Stamboul n'est plus qu'un désert, qui rappelle la désolation de Salonique détruite et fait une énorme plaie béante dans la vaste cité indigène.

Le mauvais état de la plupart des monuments, leur abord délabré, l'absence d'entretien et de voirie, frappent le regard. Et, en somme, les souvenirs — ou, plutôt, les débris — de l'antique puissance turque s'étalent partout.

L'appel à la prière que les muezzins clament du prêchoir de leurs minarets, d'un ton rauque, glapissant, hautain et résigné, a maintenant peu d'écho; il n'a d'autre sens pour nous que de faire songer à tout ce que l'ancien Islam a pu contenir de foi, de

---

(1) Ministère de la Guerre,

sagesse, de noblesse même, de majesté et de calme
repos et qui s'en est allé. Sera-ce pour toujours ?

La vie moderne a, je le crains bien, porté un coup
mortel à la poésie musulmane et les peintres enthou-
siastes de la civilisation islamique peuvent, avec raison, ne pas se consoler de son agonie actuelle.

Tout près des remparts de Stamboul ou aux extré-
mités de Péra, dans toutes directions, peut-on dire,
dès que l'on s'écarte des agglomérations, on trouve
une campagne dont le sol paraît très riche, avec plusieurs mètres de profondeur d'humus, mais qui
porte à peine de moissons ; les cultures sont rares,
de grands espaces restent en friche, il n'y a pas d'arbres, à peine des arbrisseaux. Et cet état de jachère
engendre une impression de tristesse, car il évoque
la tragique histoire d'une terre très ancienne qui re-
deviendra peut-être neuve après mille ans de conflits
sanglants...

*
* *

II. *Dans la rue.*

Il suffit d'observer le grand et curieux courant
humain qui s'écoule de l'extrémité de Péra jusqu'aux
abords de Stamboul et franchit le grand pont de
Galata pour penser à la complexité des problèmes
que soulève l'avenir de Constantinople après la
grande guerre... Pendant des semaines, j'ai curieu-
sement contemplé cette foule, essayé d'en pénétrer
les ressorts, d'en découvrir l'âme et les aspirations
intimes ou, du moins, de me figurer quelles pou-

.vaient être les idées et les pensées de tous ces êtres
humains qui déambulaient sous mes yeux. A côté
du Vieux Turc, du vrai « Croyant » au turban vert,
de pieux pèlerins de La Mecque et de la .« Dame
Turque » à l'élégant et discret costume (dont le voile
noir, maintenant gracieusement rejeté en arrière,
comme en un geste impie, laisse contempler les
traits), il y a la tourbe levantine composée d'éléments
de toutes les races de la terre. Cette foule est, à pro-
prement parler « incohérente » !

Les gens riches, qui jouissent insolemment de
biens acquis sans peine et dont l'intrigue et la corruption sont le jeu favori, coudoient avec indifférence
la masse de ceux qui jeûnent et meurent de faim et
dont la mine amaigrie et ravagée dit la misère et la
souffrance. Nulle part je n'avais tant senti l'inégalité
du sort de quelques possédants et de centaines de
milliers de misérables, et l'absence de solidarité entre
ces deux classes, dont la première seule semble
compter ici...

Dans la grand'rue de Péra, tous les types se rencontrent. De loin en loin, le sifflet strident des autos
ex-turco-boches, mises au service des nations vic-
torieuses, se croisent avec les officiers, soldats et marins ottomans. C'est un foisonnement d'uniformes
divers, comme jamais on n'en vit, signes révélateurs
des multiples et graves intérêts en jeu, dont l'occupation militaire interalliée est l'indice.

Le marin américain se promène, bon enfant, coiffé
d'un curieux petit bonnet blanc qui n'a rien de militaire. L'Anglais garde sa démarche assurée, rythmée
et grave, non sans froideur indifférente ; le gendarme
italien exhibe une riche tenue archaïque et a le sou-

rire aimable ; le Grec, tout vêtu de neuf, est fier de
montrer une puissance qu'il doit à ses alliés ; le bra-
ve poilu français a une tenue moins soignée, peut-
être, mais, tout en flânant et regardant les devantu-
res de boutiques, il donne un regard de compassion
et de pitié aux petits miséreux qui grelottent en som-
meillant, le soir, sur le pas des portes, et son bon
cœur s'en indigne...

L'animation est grande avec l'apparence d'une vie
intense. Les étalages paraissent luxueux, les magasins d'alimentation bien approvisionnés, mais les prix
marqués sont formidables. Les cinémas jouent presque sans relâche, même à Stamboul ; mais il n'y a
pas de théâtres, ni de cirques, ni de concerts comme
dans une capitale européenne. A Péra, les voitures
qui circulent donnent l'impression de réceptions
nombreuses et de fêtes. Les tenues de soirée et de
bal abondent le soir, révélateurs d'une vie de plaisirs
frivole, d'autant plus recherchée qu'elle peut être
éphémère. La sécurité est-elle totale et durera-t-elle ?
Comme l'a écrit, pendant la guerre, l'ambassadeur
des Etats-Unis, Morgenthau, dans « Les Secrets du
Bosphore » : « Le Grand-Vizir et les hauts fonction-
naires turcs ne sortent pas sans être accompagnés de
piqueurs et de gardes du corps pour les protéger contre une tentative d'assassinat. »

Jusqu'au moment où le commandement allié a pris
lui-même la direction de la police et a assuré la rému-
nération de ses agents, des fusillades constantes
avaient lieu au cœur de la ville, même en plein jour ;
et la nuit, des coups de revolver annonçaient de
continuelles attaques à main armée en plein quartier
européen.

*
* *

III. Habitants chrétiens et mahométans de la Byzance contemporaine.

Le Bosphore est une « lumineuse parenthèse entre l'Europe et l'Asie ». Mais la capitale immense, bâtie sur ses rives magnifiques, n'a pas d'unité. On n'y trouve pas les foyers, l'épanouissement, la vie, l'âme d'un vrai peuple ottoman. Une civilisation chrétienne (et même, hélas ! avec ses perversions) s'y étale et s'y heurte au mahométisme, qui y est le maître officiel, avec toutes ses tares de fatalisme et de brutalité. Le bonheur et la tranquillité d'un peuple n'ont pas leur place dans cette monstrueuse cité. En contemplant à la fois ses merveilles et ses ruines, sa population musulmane et ses nationaux chrétiens, on éprouve comme un sentiment pénible, une sorte de contrainte, presque une tristesse.

Il y a du bon, du beau, du grand, du mauvais et du pire dans cette métropole de races et de religions diverses ! Byzance riche, orgueilleuse, corrompue et décadente continue. Ce fut la nouvelle Rome, la terre du christianisme triomphant, qui tire son nom du premier grand empereur chrétien ; mais, depuis cinq siècles, ce n'est plus terre chrétienne : La Croix, vaincue, a été remplacée par le Croissant triomphant. Le Padischah y réside et y commande avec omnipotence à des millions de croyants : ce n'est cependant pas, non plus, pure terre d'Islam...

La décadence est partout. Et un Occidental ne peut pas facilement comprendre, ni raisonner, les contrastes qui s'imposent à son observation. Les « rayas » de Constantinople sont chrétiens par le baptême et l'étiquette, mais ne sont pas gens de foi, à tempérament de martyrs ; et ils nous sont, en dépit des apparences, aussi incompréhensibles que les musulmans : Orientaux et Levantins, leur mentalité est lointaine de la nôtre. Malgré la dignité patriarcale de ses adeptes, le Croissant n'est qu'une barbarie, et les pratiques du Coran maintiennent l'être humain dans un état inférieur. Si vous venez d'assister à la prière dans une grande mosquée, vous sortez favorablement impressionnés par un spectacle de foi, de respect, de bonne tenue ; mais, faites quelques pas en ville, croisez un eunuque et remarquez les fenêtres grillagées d'un harem : les idées de brutalité, de barbarie, de servitude, vous envahissent ; le charme est rompu. D'autre part, le christianisme, facteur de progrès moral est, ici, adultéré et sophistiqué par les passions et les intrigues politiques masquées derrière la religion.

Deux puissances spirituelles sont en présence et en lutte dans cet Orient, toutes deux, d'ailleurs, dans la décadence d'une antique puissance et héritières lointaines d'une époque de grandeur. Mais, ni l'Islam, ni l'Orthodoxie ne paraissent en état de relever les ruines, d'apaiser les querelles et de ressusciter et faire vivre un Empire d'Orient prospère.

La question de la souveraineté de Constantinople est posée. A qui doit-elle revenir ? Les Turcs musulmans peuvent la perdre pour en avoir été indignes ; mais, les peuples orthodoxes ne sauraient encore l'acquérir, faute de travail, d'ordre et d'autorité morale.

Pourquoi l'Empire Ottoman est-il depuis si long-temps, en Europe, « un homme malade », sinon parce qu'il est, en quelque sorte, inorganique, que l'Etat y est mahométan, alors qu'une grande — et peut-être majeure partie — de ses sujets est chrétienne et Israélite ?

La mosquée de Sainte Sophie, à Constantinople.

« L'Empire.Turc, a écrit un auteur, est une théo-
» cratie. C'est l'Eglise musulmane organisée politi-
» quement, la foi dans le cœur, le glaive dans la
» main.

» L'Etat et la Religion ne font qu'un aux yeux de
» l'Islam ; ou plutôt l'Etat n'est que la réalisation de
» la Religion, qui en constitue l'essence et la raison
» d'être. Tel est le dogme qui se trouve à la base de
» la puissance turque. » (Dioscure).

En Orient, nationalité et religion s'identifient. Ainsi, hellénisme et orthodoxie paraissent liés politiquement, comme Turquie et Mahométisme. Un Grec, c'est un Orthodoxe ; un Turc, c'est un Musulman. Un sujet non musulman de la Turquie se dira tout au plus « Ottoman », jamais « Turc » ; de même qu'un sujet du royaume de Grèce, s'il n'est pas Orthodoxe, se dira généralement « Hellène » ou Catholique, ou Israélite, mais pas « Grec ».

L'incapacité actuelle de ces peuples de se gouverner les uns les autres est une conséquence de ce fait, car l'état séculaire d'hostilité de leurs mœurs, de leurs pratiques, de leur foi religieuse leur enlève les qualités de neutralité, de justice et d'impartialité, qui permettraient l'existence d'un gouvernement supportable, capable d'assurer l'ordre et la tranquillité pour tous.

Les Turcs mahométans sont le produit d'une doctrine exclusivement militaire et théocratique. Ils sont économiquement et politiquement incapables de se gouverner eux-mêmes en tant qu'Etat de civilisation moderne. On l'a dit très justement : « La » nation turque a passé devant l'humanité civilisée » un long examen de cinq siècles : elle a échoué com- » plètement ».

L'histoire contemporaine démontre que Jeunes Turcs comme Vieux Turcs ne laissent après eux que ruines, deuil, misère et corruption. Et le Jeune Turc, en reniant les principes théoriques, qui étayaient le régime ottoman et lui donnaient la force d'une armature religieuse, a sapé les fondements qui le soutenaient, et a préparé sa perte.

Il ne faut pas se payer de mots et d'apparences.

Au sens français, il n'y a pas d'opinion publique à
Constantinople ; la plèbe y évolue quasi indifférente
autour des partis, dits nationalistes ; la foule musulmane regarde, et n'est pas disposée à s'insurger, si
ce n'est pour une guerre sainte à motif religieux,
et en vue d'un pillage des richesses des chrétiens.

Le Sultan règne sur les régions les plus riches et
les plus réputées de l'histoire ancienne : son gouvernement y a laissé disparaître jusqu'aux traces des
brillantes civilisations qui y fleurirent jadis ; il y a
semé la ruine, la dévastation et la mort ; il a été, du
reste, l'exploitant le plus déplorable des richesses na-
turelles qui y abondent, et, il n'a été l'artisan d'aucun
progrès économique. La part du Turc, dans les lettres, les arts, les sciences, est presque absolument
nulle. Héritier de magnifiques domaines, il les a
laissés péricliter, il ne s'est rien assimilé des legs
artistiques de ses devanciers, vaincus par sa force
brutale.

A Constantinople, en particulier, il n'y a rien de
perfectionné ni de moderne, pas de travaux ni d'œuvres d'art, qui soient l'œuvre des Turcs. C'est, peut-on
dire, malgré le gouvernement musulman, qui s'est
laissé faire violence et dont il a fallu vaincre le mauvais vouloir et l'indolence ou l'incapacité, que certains progrès ont été réalisés : constructions, voies
de communication, industrie, agriculture, sont
l'œuvre des chrétiens. Tandis que les Arabes et les
Persans ont donné leur architecture, l'on ne trouve
guère dans la capitale turque d'ouvriers d'art en
dehors des chrétiens, et les Turcs y ont seulement
le monopole des métiers... de terrassier et de démo-
lisseur ! M. Venizelos l'a très justement déclaré :

17

« Les chrétiens sont l'armature économique du pays ». Tout s'effondrerait sans eux. Les Turcs mahométans paraissent incapables d'être libres et souverains. Et, à en juger par les autres pays musulmans placés sous le protectorat européen, une tutelle leur siérait très bien, moyennant laquelle ils peuvent être un élément d'ordre, de police et de travail sous une administration et une direction étrangères.

En Europe Orientale, avec les nécessités d'activité économique et industrielle de l'heure présente, l'élément turc paraît le plus misérable, le plus inactif, le plus paresseux, le plus rebelle à toute nouveauté et à tout progrès. Malgré ses tares, l'élément chrétien vaut mieux : il reste le premier par la propreté, le bien-être, l'activité et les progrès sociaux. En tout cas, il est perfectible. Bien dirigé, soutenu dans ses élans, stimulé dans ses efforts, refréné dans ses excès, il peut seul évoluer et marcher dans le sens des institutions de l'Occident, qui sont, après tout, des conclusions appliquées de l'Evangile. Le Turc musulman est, au contraire, cristallisé dans les formules de son Coran et dans un état rétrograde, où la situation faite à l'individu, à la femme, à la famille répugne véritablement à la vie moderne et aux progrès de notre civilisation.

Le malheur est que cette infériorité morale et sociale s'allie à une force latente qui échappe à l'analyse et à la mesure, et qui pourtant est redoutable.

En trois circonstances particulières, j'ai vivement senti qu'il y avait dans l'Islam Turc une force de nature spirituelle, et quelque chose d'immatériel, qui peut engendrer tout à coup une formidable puissance d'action.

Ce fut d'abord à Eyoub. Dans la cour de la célèbre mosquée, qui est d'une turquerie si délicieuse, et dans le cimetière voisin tant vanté, d'où l'on découvre le panorama de la Corne d'Or, il me semblait qu'un Esprit mystérieux dominait les lieux, Esprit inassimilable à mon âme, et auquel j'étais étranger par essence. Puis, en allant me promener à Scutari, j'ai médité dans l'immense et impressionnante nécropole où dorment tant de vieux croyants ; j'y ai, solitairement et discrètement, observé quelques inhumations, j'ai suivi quelques groupes de visiteurs, hommes et « dames », et j'ai été rempli d'impressions étranges et profondes. Des croyances, des traditions dignes d'un grand respect méritent bien à ces champs de repos de la rive asiatique du Bosphore, le caractère sacré que lui accordent les Vieux Turcs, qui veulent n'être enterrés que là, au milieu des tombes des ancêtres, en terre musulmane, vierge des voisinages et des contacts impurs de la côte d'en face.

Enfin, la fameuse cérémonie du « Sélamlik », le vendredi, n'est pas qu'une vaine parade. Elle garde, dans sa simplicité relative actuelle, un caractère de rite religieux solennel, celui d'un double hommage rendu à Allah par le Commandeur des Croyants et au Khalife lui-même par tous les fidèles de l'Islam.

Derrière le Sultan, j'ai vu entrer dans la mosquée et y prier côte à côte, le pauvre hère des ruelles de Stamboul, un officier arabe richement équipé, un soldat hindou et l'un de nos tirailleurs malgaches.

Ce mélange de croyants m'a frappé. Si, à travers Constantinople, j'avais eu l'impression d'une décadence de la foi musulmane, et si l'impiété des Jeunes Turcs m'avait été signalée, ainsi que l'incroyance de

la majeure partie des riches Osmanlis, là, à Yildiz
Kiosk (1), j'ai, bien au contraire, éprouvé la conviction inverse. Il faut faire attention. Sous les apparences présentes d'une foi moribonde, il peut fort bien
n'y avoir qu'une puissance engourdie. Le feu couve
toujours sous la cendre. Alors que le progrès et la
civilisation se brisent déjà contre la redoutable force
d'inertie du Croissant, quel Titan viendrait à bout de
ses colères, si un vent de fanatisme soulevait les mas-
ses musulmanes d'Europe, d'Asie et d'Afrique ?

*
**

IV. *Le prestige français.*

La multitude des races, des groupements ethniques et religieux, des partis et des clans qui vivent
à Constantinople, y travaille et s'y agite dans la recherche d'un intérêt particulier, sans aucun souci de
la collectivité et de ce que nous appellerions, en français, le bien général. Cependant, dans cette ville de
divisions, d'intrigues et de haines, un mot semi magique ne peut être prononcé sans éveiller toujours
l'attention : « la France » !

France, Français... Ces noms désignent ici, plus
qu'un pays et qu'une nationalité ; ils symbolisent
pour les Orientaux soit un passé légendaire, soit un

---

(1) Palais impérial, habité par le Sultan actuel.

présent tout auréolé de gloire, soit les espérances et les aspirations de l'avenir.

En effet, depuis des siècles, nous avons secouru, sans cesse, les misères physiques et morales du peuple ; les pauvres, les malades, les opprimés — quels qu'ils soient — ont toujours trouvé auprès de nos missionnaires et de nos représentants officiels, l'aumône, l'assistance et la protection. Et l'enseignement du français, qui allait de pair avec une grande œuvre d'éducation morale, sociale, intellectuelle, voire d'expansion commerciale, n'a cessé d'être l'apanage des œuvres catholiques. Ce fait est devenu tradition. « Noblesse oblige », et nous sommes maintenant héritiers d'un beau passé.

Tous ici, chrétiens, mahométans ou israélites ont vu ou ont appris que notre génie national est essentiellement fait de bonté, que nous avons la passion de la justice, que notre pitié va vers le faible, que l'amour du sacrifice attire notre générosité. Ces traits distinctifs du cœur de la France, et qui font de la nation française le « joyau du monde », se manifestent partout où flottent nos couleurs, où résident nos missionnaires et nos sœurs de charité.

Au mot de France, personne n'est donc indifférent en Turquie, que ce soit par sympathie, par tradition, par reconnaissance, par snobisme même, ou, — contre-partie inévitable, — par envie, par jalousie ou encore par haine de la part de nos rivaux et de nos ennemis.

A cette heure de la victoire, puissions-nous bénéficier d'une si magnifique situation morale !

*
* *

V. *Entrée officielle du général en chef à Constantinople*

8 FÉVRIER 1919.

L'arrivée du général en chef français, commandant des armées alliées d'Orient, et l'établissement de son quartier général à Constantinople, ont causé une vraie satisfaction patriotique aux cœurs français, qui en avaient été un peu trop sevrés depuis les premières joies de l'armistice.

Le ciel s'est mis de la partie avec une précieuse bienveillance. La veille, le vainqueur de la Palestine, le général anglais Allenby, avait débarqué sous une pluie battante, faite pour refroidir tout enthousiasme. Or, une journée sèche et ensoleillée convenait, en ce mois d'hiver, pour la manifestation historique de l'entrée solennelle du général Franchet d'Esperey dans la capitale de la Turquie vaincue.

Armées et marines alliées, anglaises, italiennes et grecques, jointes aux nôtres, rendaient les honneurs sur le parcours. Les Turcs s'étaient offerts aussi : mais, les soldats vaincus d'un pays qui trompa la confiance des alliés et se rangea du côté de leurs ennemis, ne devaient pas être admis à l'honneur de saluer un général en chef français.

Des drapeaux à profusion et des guirlandes de feuillage ornaient la façade des maisons. Les musulmans se cachaient généralement, tandis qu'un enthousiasme délirant animait les populations chrétiennes et israélites. Acclamations et applaudissements commencèrent au quai de Galata, quand, au sortir de la *Patrie*, le général sauta allègrement en selle, suivi de son porte-fanion, de son état-major, puis du général Milne et de l'état-major anglais. Ils ne cessèrent pas sur tout le parcours jusqu'à l'ambassade, où eut lieu une réception qui marqua la fin de la cérémonie. Les cloches des églises sonnèrent — fait sans précédent — et des fleurs furent jetées de partout sur le vainqueur et ses troupes. Les Grecs, qui forment la majorité des habitants de Galata et Péra, — ce sont aussi les plus démonstratifs, — ovationnèrent spécialement leurs troupes et le général français qui les commandait en chef ; quelle gloire, en effet, pour la petite Grèce d'hier, de participer à un cortège victorieux dans Constantinople, la ville convoitée en secret par l'irrédentisme hellénique, qui rêve à son profit d'un nouveau grand empire d'Orient !

Malgré tout, la France a bien le plus de prestige et de sympathies ici. La colonie française était numériquement infime dans l'immense peuple remplissant les artères suivies par le cortège, et tout ce peuple acclamait surtout la France, son général, ses drapeaux et ses troupes.

En me rendant à l'ambassade, passant exprès dans la foule, où je ne pouvais guère avancer, j'étais heureux de sentir le courant de sympathie qui allait à nos couleurs, et à nos « poilus », incontestablement plus qu'à tous autres soldats, pourtant, eux aussi, bien applaudis.

Ah ! que la France le veuille ! le terrain est préparé : si elle sait se montrer à la hauteur de ses traditions, son prestige qui avait légèrement pâli, retrouvera vite tout son éclat, et elle l'accroîtra même encore !

L'après-midi de ce jour mémorable, j'ai accompagné le médecin de division (1), qui allait voir, avant leur rapatriement par nos soins, les malheureux Syriens et Palestiniens enrôlés de force ou déportés dans des camps de concentration par les Turcs. Dans quelle affreuse misère les a-t-on fait vivre et sont-ils encore : Impossible de dépasser leur dénuement !

Quand l'interprète leur expliqua que le bateau qui allait enfin les rapatrier chez eux — gratis — les prendrait le soir même, l'un d'eux, vieilli prématurément, les traits émaciés et le corps osseux, raidit ses traits énergiques en un geste farouche et articula un « Vivat France ! » qui s'éteignit dans sa gorge contractée. C'était tout ce qu'il savait et pouvait dire... Un murmure rauque de ses compagnons de misère répéta ce cri du cœur, qui parut, avec justesse, au dévoué docteur Autric, le plus éloquent et le plus précieux des mercis. La France, une fois de plus, donnait un gage de sympathie à des infortunés, et son dévouement désintéressé trouvait écho dans la reconnaissance d'âmes simples et malheureuses.

---

(1) Médecin principal Autric.

*
* *

VI. *La neige à Constantinople.*
9-10 FÉVRIER 1919.

La Providence a permis que le général Franchet d'Esperey fit une belle entrée dans l'antique Byzance. Mais, dès le soir de la radieuse journée, le temps a changé. Au soleil méridional, un mauvais vent de Mer Noire et de Russie a fait succéder la neige boréale, qui n'a cessé de tomber durant quarante-huit heures. Voir le Bosphore, Scutari, Stamboul, la Corne d'Or sous un blanc manteau glacé, est bien curieux. Contempler Constantinople, qui est généralement toute lumière, où les dômes des mosquées se détachent sur un horizon magnifiquement doré ou empourpré par l'aube ou le couchant, où la pointe des minarets se perd dans un azur clair et riant, contempler cette ville ensevelie dans la tristesse d'un ciel gris, un horizon brumeux et court, et recouverte d'un tapis d'hermine étincelant, c'est, me semble-t-il, une attraction ! Le tableau avait certes un caractère bien spécial ; et un cadre pouvait-il contraster davantage avec le chaud décor habituel, que celui des froides et tristes régions du nord dans leur parure hivernale ?

Quand le soleil déchira le voile sombre, qui obscurcissait le Bosphore et la Corne d'Or, il apparut comme un foyer étincelant au fond d'un vaste cône de

vapeurs, et projeta des rayons dorés sur la blancheur
des toits. Ce fut bientôt le complet dégel et le tapis
blanc si pur fit rapidement place à un invraisemblable cloaque, dans lequel pataugea lamentablement
la tourbe des pauvres hères mal chaussés, qui forment le fond de la population indigène de la riche
ville des sultans, malheureux êtres sans logement
« qui errent sans trêve pour fuir leur misère et leur
ennui. »

*
* *

VII. *Une visite cardinalice.*

14 FÉVRIER 1919.

Depuis 1453, paraît-il, aucun prince de l'église
romaine n'était venu dans la prestigieuse métropole
où règne le Commandeur des croyants et où réside
au « Phanar », — le Vatican des Schismatiques —
le patriarche œcuménique des orthodoxes, le successeur de Photius.

Or, en ce début de 1919, voici qu'un cuirassé de
Sa Majesté Britannique a conduit à Constantinople,
en visite pastorale des marins et soldats anglais
catholiques, Son Eminence le cardinal Bourne,
archevêque de Westminster, primat d'Angleterre.
C'est un signe des temps ! Dans la capitale de cet
Orient, où catholique et « franc » sont comme mots
synonymes, un prélat anglais est la première grande
notabilité catholique qui soit reçue officiellement.

L'archevêque de Westminster est sincèrement franco-
phile : au délégué apostolique (1) qui le recevait
dans sa cathédrale de Pancaldi et lui parlait en
italien (langue que parle aussi le cardinal), il a
répondu en français, estimant, sans doute que, dans
ce pays, la langue catholique est le français.

J'ai assisté à l'une des visites d'établissements cha-
ritables faites par Son Eminence. Il s'agissait d'un
orphelinat des faubourgs, où, avec les Petites Sœurs
des pauvres et le clergé arménien, le délégué apostolique a recueilli environ 150 malheureux petits arméniens dont les parents ont été massacrés.

Ces orphelins sont encore en assez triste état. Leur
misère physique révèle les atroces traitements endu-
rés. Certains ont toujours des troubles nerveux ; des
cauchemars les agitent la nuit. Cela s'explique :
n'ont-ils pas assisté au massacre de tous leurs parents ? Et ces êtres, jeunes et impressionnables,
n'ont-ils pas, presque tous, été témoins d'abomina-
tions, de massacres, de tortures ? Il y a des détails
effroyables !... Il appartenait au représentant du
Saint-Siège de recueillir ces débris d'un peuple
opprimé, de consoler ces infortunés, de régénérer ces
pauvres petits malheureux ; et il n'y a pas failli. Qui
dira tout le bien accompli par le délégué apostolique à Constantinople pendant la longue et terrible
guerre 1914-1918 ? Les éloges à son endroit sont
absolument unanimes parmi toutes les collectivités
de Constantinople.

La maison où les enfants ont été installés, appar-

---

(1) Sa Grandeur Mgr Dolci, archevêque titulaire de Hiéra-
polis.

tenant à un ordre français, avait arboré le drapeau français. Aussi Mgr Dolci nous pria-t-il, un lieutenant-colonel et moi-même, de conduire et d'accompagner le grand prélat dans sa visite de l'orphelinat. Cependant, il s'agissait d'un cardinal anglais, reçu en terre ottomane par un délégué apostolique italien, entouré d'un clergé arménien ; n'importe ? Un établissement catholique ne peut être ici que sous la protection française !

J'ai eu la faveur d'une audience de Mgr Bourne, à l'ambassade d'Angleterre, où il était installé. Sa conversation fut pleine d'attrait par les jugements qu'il portait sur notre pays qu'il connaît bien et qu'il aime pour y avoir fait une partie de ses études.

Un cardinal est toujours un grand personnage, mais surtout quand c'est l'archevêque de Westminster. Avoir fait sa connaissance à Constantinople, dans un de ces salons de la magnifique ambassade d'Angleterre, d'où l'on a sous les yeux le panorama de Kassim-Pacha, de Stamboul et de la Corne d'Or, jusqu'à Eyoub, n'est assurément pas un souvenir qui puisse rester confondu dans la série banale des incidents de la vie quotidienne.

CHAPITRE XVIII

SUR LA VOIE DU RETOUR.

A bord de l' « Asie ».

16 AVRIL 1919.

C'est à la fin d'un jour radieux que Constantinople, le Bosphore, Scutari, Stamboul, les îles des Princes, disparurent à mon regard dans un décor d'apothéose.

Avec la rapidité du rêve, je revis successivement tous ces lieux charmants, ces coins pittoresques, où le plaisir des yeux se double d'une impression prenante, qui enveloppe l'âme et la captive.., On dit que la lumière d'Orient marque pour toujours ceux qui l'ont vu luire ; je suis marqué ! Ce soir de printemps, cet Orient tant vanté s'évanouit pour moi dans un sourire mélancolique et enchanteur........

. . . .

18.

La nuit est vite tombée. Nous traversons la mer
de Marmara. Au ciel, Sirius brille d'un tel éclat que
son reflet laisse sur l'eau une traînée lumineuse ; le
clair de lune est resplendissant, les astres étincellent.
« Cœli enarrant gloriam Dei ! »

*
**

Tandis que nous naviguons encore entre l'Europe
et l'Asie, — et avant que le sommeil ne vienne —
que de pensées assiègent l'esprit ! Dans quelle situation politique l'Empire ottoman sera-t-il demain ?
La grande guerre va-t-elle enfin avoir résolu la question d'Orient ? « L'homme malade » va-t-il, une fois
de plus, survivre en dépit du diagnostic des médecin « Tant pis » ?

Muses chrétiennes du Bosphore, quelles résurrec-
tions, quelles libérations de peuples allez-vous désormais chanter ?

La liberté des détroits sera certainement procla-
mée. Ainsi que l'entrevoyait et l'espérait déjà Galitzi-
ne, l'envoyé de Pierre le Grand à Constantinople,
le sultan ne pourra donc bientôt plus considérer la
Mer Noire « comme une vierge enfermée au fond du
harem ». Mais de cette liberté et de ce fait même,
question turque et problème oriental ne seront-ils
pas aujourd'hui plus complexes, plus ardus et plus
difficiles que jamais ?

Pour celui qui a vu de près le proche Orient, ce
fameux principe des nationalités, qui semblait et
semble encore magique à tant d'esprits, n'apparaît-
il pas comme aussi décevant, aussi trompeur qu'une

« clé des songes » ? Un auteur l'a qualifié de « fausse idée claire ». L'expression est heureuse. Si l'on essaie de saisir ce mirage des nationalités en Orient, on ne trouve rien : toute réalité s'évanouit. Dans le vaste domaine géographique appelé « Empire Ottoman », qui pourrait, en connaissance de cause, délimiter de façon concrète et claire, aux points de vue géographique, ethnique, politique et religieux, la part de chaque nationalité ? Quel est le critérium d'une nationalité ? Je ne saurais m'en tenir sur ce point à quelques aphorismes trop facilement énoncés en France ; ils ne résolvent rien et soulèvent les plus irritantes controverses.

Les souvenirs littéraires et artistiques de la Grèce antique, la pensée romantique de Byzance, la sentimentalité poétique du « Lotisme », — né du charme des apparences, mais qui oublie trop l'affreux revers de la médaille du « bon Turc », — loin d'être des guides, me paraissent des données dangereuses pour juger des problèmes de l'Orient musulman et orthodoxe.

La grandeur des intérêts français apparaît clairement. Mais tout ce que j'ai vu, entendu ou constaté m'a révélé des divisions effroyables et des causes profondes d'antagonisme entre les diverses communautés orientales. Comment en pénétrer le mystère, en démêler l'enchevêtrement, en saisir les aspirations secrètes ? « Fata viam invenient... »

Puisse cependant un politique de génie dénouer ce nœud gordien, rallier les éléments divisés du troupeau, et conduire celui-ci au bercail par les sentiers de la Paix !

La *Patrie* en rade de Salonique. Le calme du soir.

TABLE DES MATIÈRES

TABLE DES GRAVURES

Paris — Société des Publications du Centre
35, Rue des Petits-Champs, 35

Même Maison à Limoges

www.ingramcontent.com/pod-product-compliance
Lightning Source LLC
Chambersburg PA
CBHW071945110426
42744CB00030B/329